GERALD STOURZH
VOM REICH ZUR REPUBLIK

Für Christa

GERALD STOURZH
VOM REICH ZUR REPUBLIK

Studien zum Österreichbewußtsein im 20. Jahrhundert

EDITION ATELIER

Dieses Buch wurde durch Unterstützungen des Bundesministeriums für Wissenschaft und Forschung, des Bundesministeriums für Auswärtige Angelegenheiten und der Österreichischen Forschungsgemeinschaft ermöglicht.

Gestaltung des Schutzumschlags:
Hans Schaumberger
©1990 by Wiener Journal Zeitschriftenverlag Ges.m.b.H.
Alle Rechte vorbehalten
Satz und Druck: Wiener Verlag
ISBN 3-9003-7950-5

INHALT

I   Einleitung 7

II   Vom Reich zur Republik. Brüche und Wandlungen im Österreichbewußtsein seit 1867 25

III   Die historischen Grundlagen der Zweiten Republik 57

IV   Wandlungen des Österreichbewußtseins im 20. Jahrhundert und das Modell der Schweiz 71

V   Österreichbewußtsein im Übergang der Achtziger- zu den Neunzigerjahren 99

      Nachwort 115

I
Einleitung

In der Bodenseegegend treffen vier Leute zusammen. Einer kommt aus Bregenz, einer aus St. Gallen, einer aus Vaduz, und einer aus Konstanz. Alle vier sind Alemannen. Sind auch alle vier Deutsche? Es gibt viele Anzeichen, daß anno 1990 unbeschadet der gemeinsamen Sprache und damit vieler Gemeinsamkeiten das Bewußtsein der eigenen Identität in erster Linie dem Land gilt, in dem man (dauernd) lebt oder leben möchte, also der bejahten gesellschaftlichen und politischen Einheit.[1] Das bedeutet für unsere vier Leute aus der Bodenseegegend, daß sie sich vermutlich in erster Linie jeweils als Österreicher, als Schweizer, als Liechtensteiner, als Deutscher fühlen.

Das war vor allem in Österreich nicht immer so. Die Brüche, die Diskontinuitäten in dem, was Österreich hieß, was Österreichs Umfang war, was Österreichbewußtsein oder dessen Fehlen bedeutete, waren in diesem nun zu Ende gehenden Jahrhundert ungeheuer. Davon ist in diesem Büchlein die Rede. Genau genommen ereigneten sich die schweren Brüche unserer Geschichte schon innerhalb der ersten fünfundvierzig Jahre dieses Jahrhunderts.

Anno 1990 befinden wir uns in einem merk- und denkwürdigen Jahr. Die österreichische Geschichte im 20. Jahrhundert läßt sich – nur in diesem Jahr! – in zwei genau zeitgleiche Hälften von je 45 Jahren teilen. Die Instabilität der ersten 45 Jahre – 18 Jahre Kaiserreich, 15 Jahre demokratische, aber zerrissene Republik, 5 Jahre autoritäre Regierungsdiktatur, 7 Jahre nationalsozialistische Herrschaft – steht in außerordentlichem Kontrast zur Stabilität der letzten

---

[1] Zum Thema der „nationalen Identität" vgl. neuestens die Skizze des Basler Historikers Georg Kreis, Nationale Identität, in: INFO 21 – Mitteilungsblatt des Nationalen Forschungsprogramms 21 des Schweizerischen Nationalfonds zur Förderung der wissenschaftlichen Forschung: „Kulturelle Vielfalt und nationale Identität", Nr. 11, April 1990, S. 9–10, 20–21.

45 Jahre – jenen der Zweiten Republik Österreich, trotz aller Zäsuren auch unserer jüngsten Geschichte – 1955, 1966, 1970, 1986/87.

Anno 1990 sind Österreich und die Österreicher aber auch Zeugen enormer historischer Veränderungen im Südosten, Osten und Norden unseres Landes: das Ende, um nicht zu sagen, das Verenden totalitärer Strukturen in vielen, leider nicht allen Ländern Ostmittel- und Südosteuropas, das dramatische Zunehmen zentrifugaler Tendenzen in manchen Staaten, und die Wiedervereinigung Deutschlands. Nur zum letztgenannten Ereignis soll in einem Büchlein, in dem doch auch viel vom Verhältnis der österreichischen und der deutschen Geschichte die Rede ist, kurz einiges gesagt werden.

„Das gesamte Deutsche Volk", so heißt es in der Präambel zum Grundgesetz der Bundesrepublik Deutschland, „bleibt aufgefordert, in freier Selbstbestimmung die Einheit und Freiheit Deutschlands zu vollenden." Diese Aufforderung vom Mai 1949 (in diesem Monat wurde das Grundgesetz proklamiert) wird nun 41 Jahre nach ihrer Verkündigung verwirklicht.[2]

Der Schreiber dieser Zeilen freut sich über die Vollendung der Einheit Deutschlands, weil sie in der Tat „in freier Selbstbestimmung" des deutschen Volkes vor sich geht und mit dem Ende einer üblen Diktatur eingeleitet wurde. Er hat in den Sechzigerjahren fünf Jahre lang an der Freien Universität Berlin gelehrt und den Jammer der deutschen Teilung mit eigenen Augen miterlebt. „Deutschland, aber wo liegt es?" Schillers Frage vor fast 200 Jahren konnte er durch persönliche Erfahrung beantworten: er erlebte „Deutschland" nirgends so intensiv und mit-leidend wie auf der Fahrt mit der Berliner

---

[2] Diese klassisch gewordene Formulierung geht offenbar auf einen der Väter des Grundgesetzes, den sozialdemokratischen Juristen Prof. Carlo Schmid zurück. Bereits in einer von Schmid entworfenen Note der westdeutschen Ministerpräsidenten an die Alliierten vom 10. Juli 1948 ist von den Zeitpunkt die Rede, „wenn das gesamte deutsche Volk die Möglichkeit" besitzen werde, „sich in freier Selbstbestimmung zu konstituieren". Vgl. Theodor Eschenburg, Jahre der Besatzung 1945–1949 (= Geschichte der Bundesrepublik Deutschland, hrsg. von Karl Dietrich Bracher u. a. Bd. 1), Stuttgart – Wiesbaden 1983, S. 465.

S-Bahn zwischen dem Westberliner Bahnhof Zoo und dem (schwerstbewachten) Ostberliner Bahnhof Friedrichstraße, buchstäblich über die Mauer hinweg fahrend. Eine Bahnfahrt in den Sechzigerjahren von West-Berlin über Ost-Berlin, Dresden, Prag nach Wien mit ihren unsäglichen ostdeutschen und tschechischen Grenzkontrollen war eine „mitteleuropäische Erfahrung" eigener und im negativen Sinne unvergeßlicher Art.

Der Verfasser vermag nicht all die Ängste zu teilen, die da und dort in Österreich bezüglich der deutschen Wiedervereinigung laut werden. Selbstvertrauen und Selbstbewußtsein im blühenden Kleinstaat Österreich sollten groß genug sein, um im radikal veränderten Europa der Neunzigerjahre den Platz Österreichs zu sichern. Zu dem größten Kapital, über das Österreich als Kleinstaat gerade bei seinen Nachbarn und in ganz Europa verfügt, gehört es, daß man den „Kleinen" – soferne sie sich ihre Eigenständigkeit bewahren und nicht zu bloßen Klienten von Großen geworden sind – eben anders gegenübertritt als den sehr Mächtigen. Machtansammlungen gibt es in der Außenpolitik und in der Innenpolitik, und auch in jenem neuen Zwischenbereich zwischen Außen- und Innenpolitik, den die Transformation Europas mit sich bringt. Auch dieser neue Bereich, oder gar eine mögliche zukünftige „europäische Innenpolitik" innerhalb einer dynamisierten Integration Europas wird vom Problem der Macht, ihrer Verteilung und ihrer Kontrolle nicht gefeit sein. Funktionierende Demokratien sollten auch in der Lage sein, große Zusammenballungen von Wirtschaftsmacht im Zaume zu halten. Das „Ökonomische" ist nicht die alleinige Basis aller Dinge; glaubte man dies, würde man vulgärmarxistischen Cliché-Vorstellungen gerade in dem Augenblick zum Opfer fallen, in dem die Diskreditierung des Marxismus manifest geworden ist.

Das „gesamte deutsche Volk", dessen Einheit in Freiheit seit über vier Jahrzehnten in unzähligen Äußerungen beschworen und erhofft, doch seit dem Mauerbau und vor allem in den Siebziger und Achtziger Jahren nicht mehr wirklich erwartet wurde, und das nun vor unseren Augen diese Einheit und Freiheit verwirklichen kann, – das „gesamte deutsche Volk" schloß und schließt die Österreicher ebenso wenig ein wie etwa die Deutschschweizer. Das bedeutet, daß sich „seit der inneren Zerstörung der großdeutschen Idee durch die nationalsozialistische Barbarei",[3] seit der Parole „ein Volk, ein Reich, ein Führer" unseligen Angedenkens in den vergangenen vier bis fünf Jahrzehnten Veränderungen in Mentalität, Bewußtsein und Sprachgebrauch entwickelt haben, – eben nicht nur in Österreich, auch in Deutschland –, die sich wohl im Zuge der deutschen Einigung weiter verfestigen werden. Man denke an die Parolen, die in den vergangenen Monaten in der DDR zu hören und zu sehen waren: „Deutschland, einig Vaterland" – „Wir sind ein Volk". Da sind Österreicher oder Deutschschweizer nicht mitgedacht, und das ist auch gut so.[4]

In den vergangenen Jahren ist allerdings auch ein Interpretationsrahmen für die jüngste Zeitgeschichte – von 1945 bis in die Achtzigerjahre – entworfen worden, die diesem Sprachgebrauch widerspricht. Ich beziehe mich auf die von Karl Dietrich Erdmann 1985 sehr pointiert vorgelegte These von „einem Volk" in zwei Nationen und drei Staaten – BRD, DDR und Österreich –; diese These ist im Zusammenhang mit seinem bereits früher vorgelegten Konzept einer „deutschen Geschichte seit der Teilung" –, die eben die gemeinsame Geschichte der seit 1945 aus der alliierten Besetzung hervorgegangenen drei Staaten BRD, DDR und Österreich sei –, zu sehen.[5] Zu Erdmanns These von „einem Volk" in drei Staaten

---

[3] Heinrich Lutz, Zwischen Habsburg und Preußen. Deutschland 1815–1866, Berlin 1985, S. 9.

[4] In den beiden deutschen Teilstaaten habe sich „anders als in Österreich" kein neues und eigenes Nationalbewußtsein gebildet, hat jüngst Professor Thomas Nipperdey in einem Artikel „Die Deutschen wollen und dürfen eine Nation sein" geschrieben: Frankfurter Allgemeine Zeitung, 13. Juli 1990, S. 10.

[5] Zunächst als Broschüre der Universität Kiel 1985 veröffentlicht unter dem Titel: Drei Staaten – zwei Nationen – ein Volk? Überlegungen zu einer deutschen Geschichte seit der Teilung; wiederveröffentlicht in der Zeitschrift Geschichte in Wissenschaft und Unterricht, Bd. 36 (1985), S. 671–683, sowie in Österreich in der Grazer Monatsschrift Aula, Jg. 1985, Nr. 10, S. 13–18; Neuveröffentlichung in dem unten in Anm. 7 genannten Band. Das Konzept einer „deutschen Geschichte seit der

– und somit von Österreich als „drittem deutscher Staat" – habe ich mehrfach kritisch Stellung genommen;[6)] eine dieser Stellungnahmen findet der Leser auch in einem Beitrag in diesem Band. Karl Dietrich Erdmann hat sich in einem weiteren Aufsatz zu einigen meiner Einwände kritisch geäußert und 1989 seine beiden einschlägigen Arbeiten von 1985 und 1987 in einem Büchlein neu publiziert.[7)]

Teilung" hat Erdmann erstmals in einem von ihm verfaßten Teil von Gebhardts Handbuch der deutschen Geschichte (1976) verfaßt, nunmehr am besten zugänglich in der 1980 veröffentlichten Taschenbuchausgabe, die eigentümlicherweise zwei unterschiedliche Titel trägt: Karl Dietrich Erdmann, Das Ende des Reiches und die Neubildung deutscher Staaten (Außentitel), bzw. Das Ende des Reiches und die Entstehung der Republik Österreich, der Bundesrepublik Deutschland und der Deutschen Demokratischen Republik (= Gebhardt Handbuch der deutschen Geschichte, 9. Auflage, Bd. 22), München 1980, bes. S. 354–60. Zwei frühe, unterschiedliche Stellungnahmen zu diesem Konzept kamen von Fritz Fellner und Georg Schmid: Ende oder Epoche der deutschen Geschichte?, in: Zeitgeschichte, Bd. 5 (1977/78), S. 158–171.

[6)] Erstmals mündlich am 18. November 1985 in Anwesenheit Professor Erdmanns in einem Vortrag „Von der Reichsgeschichte zur Republikgeschichte – zum Kontinuitätsproblem in der neueren österreichischen Geschichte" im 9. Institutsseminar des Instituts für Österreichische Geschichtsforschung; Teile dieses Vortrags sind in den Abschnitt „Vom Reich zur Republik" des vorliegenden Bandes eingegangen. Eine weitere Stellungnahme findet sich in einer Diskussion zwischen Fritz Fellner und Gerald Stourzh über „3 Staaten – 2 Nationen – 1 Volk?" in der Salzburger Studentenzeitschrift „Historicum", Ausgabe Winter 1986/87, S. 16–18. Eine sehr kritische Stellungnahme zu Erdmanns Thesen findet sich bei Rudolf Ardelt, „Drei Staaten – zwei Nationen – ein Volk" oder die Frage „Wie deutsch ist Österreich?", in: Zeitgeschichte, Bd. 13, 1985/86, S. 253–268.

[7)] Die Spur Österreichs in der deutschen Geschichte, in: Geschichte in Wissenschaft und Unterricht, Bd. 38, 1987, S. 597–626 (mit Anmerkungen); ders., Die Spur Österreichs in der deutschen Geschichte. Drei Staaten, zwei Nationen, ein Volk? (= Manesse Bücherei, Bd. 27), Zürich 1989 (die Anmerkungen wurden nicht beibehalten); zitiert wird hinfort aus dem letztgenannten Band.

Karl Dietrich Erdmann ist am 23. Juni 1990, über achtzigjährig, plötzlich verstorben. Ich verneige mich in großem Respekt vor einem bedeu-

Erdmann spricht von der „Konsolidierung dreier neuer Staaten auf deutschem Boden", von der „Dreistaatlichkeit in der deutschen Mitte Europas", vom „dreigeteilten Deutschland" nach 1945 – gemeint sind immer BRD, DDR und Österreich! Schwarzwald, Thüringer Wald und Wiener Wald werden als „Wälder auf dem uns zugewiesenen Stück Erde" bezeichnet, und das „dreigeteilte Deutschland" als Europas Mitte.[8]

Man mag vielleicht einwenden, daß Erdmanns These von einem Volk in drei Staaten und von Österreich als drittem deutschen Staat mit der Vereinigung von DDR und Bundesrepublik hinfällig wäre.[9] Doch folgte man der Begrifflichkeit Erdmanns, würde nun nach der Vereinigung von BRD und DDR Österreich gar zum „zweiten deutschen Staat" avancieren! Die Erinnerung an die unglücklichen Erfahrungen Österreichs in seiner Selbststilisierung als „zweiter deutscher Staat" in den Dreißigerjahren – wenngleich im damaligen Kontext erklärlich – sind in Österreich noch zu wach, um dieser Vorstellung nicht entschieden entgegenzutreten.[10]

Meine erste Auseinandersetzung mit Erdmann schloß ich mit Worten, die dem ganzen hier vorgelegten Bändchen zugrunde liegen: „Die Überlappungen, Berührungen, zeitweise Fusionen der neueren und neuesten österreichischen und deutschen Geschichte

---

tenden Gelehrten, und bin dankbar dafür, daß in der Diskussion mit Karl Dietrich Erdmann auch fundamentale und gravierende Auffassungsunterschiede in sachlicher und fairer Form durchgesprochen werden konnten.

8) Erdmann, Die Spur Österreichs, S. 11, 12, 36.
9) Noch in einem Vortrag am 29. November 1989, also schon nach Öffnung der Berliner Mauer, hat Erdmann zwar von der Möglichkeit zukünftiger „konföderativer Korrekturen" im Verhältnis von BRD und DDR gesprochen, jedoch daran festgehalten, daß es im mitteleuropäischen Raum „nicht zwei, sondern drei deutsche Staaten" gebe, „deren Verhältnis auf eine notwendige Kooperation angelegt" sei. Karl Dietrich Erdmann, Vierzig Jahre Bundesrepublik – geteilte Nation im geteilten Europa, in: Geschichte in Wissenschaft und Unterricht, Bd. 41 (1990), Heft 5 (Mai 1990), S. 270.
10) Vgl. in diesem Band. S. 35–36.

sind mannigfaltig; studieren wir sie, erkennen wir sie, verdrängen wir sie nicht. Tun wir dies als gute Nachbarn, und subsumieren wir nicht eine unter der anderen."[11]

Ich wende mich damit auch gegen die Auffassung meines österreichischen Freundes und Kollegen Fritz Fellner, der sich am entschiedensten in Österreich Erdmanns Auffassung zu eigen gemacht hat und meint, daß sich „auch die Geschichte Österreichs in allen Phasen ihrer Vergangenheit bis in ihre Gegenwart unter den Begriff einer deutschen Geschichte subsumieren" lasse.[12]

Viel von dem, was Erdmann als „Spur Österreichs in der deutschen Geschichte" bezeichnet und nachzeichnet, ist selbstverständliches Allgemeingut historischen Wissens. Ich selbst habe von der Bedeutung des „Deutschfühlens" in Österreich zumal in den ausgehenden Jahrzehnten des Habsburgerreiches und in der Zwischenkriegszeit mehrfach gesprochen.[13] Und doch sind eben manche

---

11) Vgl. in diesem Band S. 55.
12) Fritz Fellner, Die Historiographie zur österreichisch-deutschen Problematik als Spiegel der nationalpolitischen Diskussion, in: Österreich und die deutsche Frage im 19. und 20. Jahrhundert, hrsg. von Heinrich Lutz und Helmut Rumpler (= Wiener Beiträge zur Geschichte der Neuzeit, Bd. 9), Wien 1982, S. 58.
13) Vgl. in diesem Band S. 33–35, eine Passage, die auch Erdmann, Die Spur Österreichs, S. 78 f. zitiert. Siehe ferner Gerald Stourzh, Die Gleichberechtigung der Nationalitäten in der Verfassung und Verwaltung Österreichs 1848–1918, Wien 1985, S. 113. Ein Band des von der Österreichischen Akademie der Wissenschaften herausgegebenen Werks „Die Habsburgermonarchie 1848–1918" (hrsg. von Adam Wandruszka und Peter Urbanitsch) heißt „Die Völker des Reiches" und nennt unter diesen auch „Die Deutschen" (Bd. III, Wien 1980, bes. S. 33-410); dies entspricht dem Sprachgebrauch in der Monarchie, denn Österreicher waren natürlich auch die Angehörigen der anderen Nationalitäten oder „Volksstämme", die österreichische Staatsbürger und Untertanen des Kaisers waren. Der schon zu Zeiten der Monarchie verwendete Begriff „Deutschösterreicher" (der tschechische Historiker Franz Palacký hat ihn um 1849 verwendet) bedeutete eine doppelte Abgrenzung: gegenüber den anderen Österreichern, aber in späteren Jahrzehnten auch gegenüber den „Reichsdeutschen".

Perspektiven von Wien aus anders zu sehen als vom hohen Norden Deutschlands. Ein bedeutender aus der Bundesrepublik nach Österreich gekommener Historiker, Heinrich Lutz, hat 1985 in Vorbereitung einer Diskussion mit Erdmann notiert: „Das soziokulturelle Anderswerden der vom Hause Habsburg beherrschten deutschsprachigen Gebiete ist seit dem 15. Jahrhundert deutlich zu verfolgen, nicht nur die territorialstaatliche Sonderung."[14]

Bei Erdmanns Diskussion der Revolution von 1848 und des Zweibundes kommen die multinationalen, vor allem die slawischen und ungarischen Komponenten des Habsburgerreiches kaum zur Geltung. Ohne Berücksichtigung des böhmischen Problems – man denke an Franz Palackýs berühmten Absagebrief an die Frankfurter Nationalversammlung! – kann man die österreichischen Aporien der Revolutionszeit 1848/49 nicht würdigen. Und der Zweibund wurde ja nicht zwischen Deutschland und Österreich abgeschlossen (wie Erdmann schreibt), sondern zwischen Deutschland und Österreich-Ungarn, und Ungarns Gewicht in der Außenpolitik der Doppelmonarchie wog schwer.[15]

Doch nicht im Verhältnis von österreichischer und deutscher Geschichte vor 1945, sondern ab 1945 sind die wichtigeren Differenzen zwischen Erdmanns Interpretation und der von mir vertretenen Auffassung zu sehen. Ich habe kritisch vermerkt, daß die Formel einer „Teilung" Deutschlands in drei Staaten nach 1945 von der Vorstellung Großdeutschlands mit dem „Normaljahr" 1938 ausgehe, – denn nur unter Zugrundelegung Großdeutschlands wäre eine „Tei-

---

14) Heinrich Lutz, Zum Gespräch mit Herrn Erdmann (1985), veröffentlicht als Anhang zu dem Aufsatz von Stefan Malfèr, Heinrich Lutz und die Geschichte der Habsburgermonarchie im Zeitalter Franz Josephs, in: Die Einheit der Neuzeit. Zum historischen Werk von Heinrich Lutz, hrsg. von Alfred Kohler und Gerald Stourzh (= Wiener Beiträge zur Geschichte der Neuzeit, Bd. 15), Wien 1988, S. 203–205, hier 204. Lutz hat sich an gleicher Stelle auch gegen die These von der Subsumierbarkeit der Geschichte Österreichs unter den Begriff einer deutschen Geschichte ausgesprochen.
15) Erdmann, Die Spur Österreichs, S. 65 f., 70.

lung" in die genannten drei Staaten einschließlich Österreichs vorstellbar. Erdmann hat meine Formulierung vom „Normaljahr" 1938 zurückgewiesen und gemeint, weder „der großdeutsche noch der kleindeutsche Nationalstaat" sei die „Norm" der deutschen Geschichte. Dies stellt die – von deutschen Historikern in keiner Weise ausdiskutierte – Frage über Kriterien und räumlichen Umfang einer „deutschen" Geschichte zur Diskussion.[16] Doch unbeschadet einer Beantwortung dieser Frage ist daran festzuhalten, daß die Konzeption einer Dreiteilung Deutschlands nach 1945, einer Existenz „dreier neuer Staaten auf deutschem Boden" nach 1945, von der Grundlage Großdeutschlands ausgeht; hingegen geht die übliche Konzeption von der Zweiteilung Deutschlands nach 1945 von „Deutschland als Ganzem" aus, wie es – unter Ausschluß des *wieder* erstandenen Österreich – von den Alliierten und seit Errichtung der Bundesrepublik 1949 auch von dieser verstanden wurde.

Die unterschiedliche Zuordnung Österreichs und der Schweiz (Österreich – Teil der deutschen Geschichte, Schweiz – nicht Teil der deutschen Geschichte) wird von Erdmann mit dem Hinweis auf die frühe Lösung der Schweiz vom Heiligen Römischen Reich einerseits, dem leidenschaftlichen Anteil der Österreicher an der

---

[16] Erdmann scheint an einer Stelle den „deutschen Siedlungsraum Mitteleuropas" als Rahmen der deutschen Geschichte zu sehen (Die Spur Österreichs, S. 41); doch dann wäre der alemannische Siedlungsraum in der Schweiz – als deutschsprachiger oder, wie man vor Jahrzehnten sagte, „deutschstämmiger" Siedlungsraum – in die Konzeption einer „deutschen" Geschichte einzubeziehen, was Erdmann nicht getan hat. – Der einzige deutsche Historiker, der die Schwierigkeiten dieser Frage angesprochen hat, ist, soweit ich sehe, Jürgen Kocka: „Leicht hätte überdies eine Geschichte der Deutschen, die den Zeitraum 1870 bis 1945 behandelt und über Nationalstaatsgrenzen hinweg eine deutsche Kulturnation oder eine deutsche Sprachgemeinschaft zu ihrem Gegenstand machte, großdeutsche Implikationen, über deren Wünschbarkeit noch nachzudenken bleibt." Jürgen Kocka, Probleme der politischen Integration der Deutschen 1867 bis 1945, in: Die Rolle der Nation in der deutschen Geschichte und Gegenwart, hrsg. von Otto Büsch und James J. Sheehan, Berlin 1985, S. 118.

deutschen Nationalbewegung im 19. und 20. Jahrhundert andererseits begründet. Einen solchen Anteil vieler Österreicher leugne ich nicht; man kann auch, wie einer der bekanntesten Historiker der österreichischen Nationsbildung, Ernst Bruckmüller bemerkt hat, die Vermutung hegen, ein endgültiger Sieg Hitlers hätte die deutsche Identität der Österreicher enorm befestigt.[17] In ähnlichem Sinne hat sich auch der Zürcher Historiker Peter Stadler geäußert.[18] Doch sehe ich, mit Peter Stadler, die entscheidende Wendung der jüngeren österreichischen Geschichte eben *nach* 1945: In Stadlers Worten: „Österreich holte nun den *inneren Emanzipationsprozeß* vom Reiche nach, den die Schweiz zwischen dem 15. und 17. Jahrhundert vorwegvollzogen hatte. Darin liegt m. E. die tiefere geschichtliche Bedeutung dieser Wiedergeburt, die sich gesinnungsmäßig ganz von derjenigen von 1919 unterscheidet, da ja damals eigentlich alle Österreicher – Sozialistische wie Völkische – Deutsche sein bzw. werden wollten. So ergab sich nun eine gewisse innere Angleichung an die Schweiz, die eben in der Zwischenkriegszeit noch nicht möglich gewesen und auch nicht erstrebenswert erschienen war."[19]

Erdmann möchte eine Analogie zwischen einer Mehrzahl englisch sprechender Völker und einer Mehrzahl deutsch sprechender Völker nicht gelten lassen und hat u. a. auf die Tatsache verwiesen, daß sich Nordamerikaner und Iren durch Krieg und Aufstand ihre Unabhängigkeit erkämpft hatten; im deutsch-österreichischen Verhältnis fehle hierzu jede Analogie. Nun gibt es durchaus verschiedene Wege der Herauslösung aus einem größeren politischen

---

17) Ernst Bruckmüller, Nation Österreich. Sozialhistorische Aspekte ihrer Entwicklung, Wien – Köln – Graz 1984, S. 207.
18) Peter Stadler, Das schweizerische Geschichtsbild und Österreich, in: Schweiz – Österreich. Ähnlichkeiten und Kontraste, hrsg. von Friedrich Koja und Gerald Stourzh, (= Studien zu Politik und Verwaltung, hrsg. von Christian Brünner, Wolfgang Mantl, Manfried Welan, Bd. 14), Wien – Köln – Graz 1986, S. 45.
19) Ebd. S. 46. Stadler läßt allerdings die weniger oder gar nicht anschlußfreundlichen Christlich-Sozialen aus; auch sei vermerkt, daß sich Vorarlberg 1919 an die Schweiz, nicht an Deutschland anschließen wollte.

Herrschaftsverband. Gerhard Botz hat betont, daß auch im Falle Österreichs „wie bei vielen kleinen Staaten und Nationen Europas" der Staats- und Nationsbildungsprozeß „nicht durch Einigung, sondern durch Herauslösung aus einem größeren Herrschaftsverband bei Weiterbestehen eines mehr oder minder starken kulturellen Zusammenhanges mit anderen Nationen" erfolgte.[20] Auch sollte der Prozeß der Wieder-Bewußtwerdung des Österreichischen während der NS-Zeit[21] ebensowenig vergessen werden wie das wachsende Österreichbewußtsein im Widerstand[22] und in der Emigration. Zur Erinnerung – denn sie wird schwächer – sei das in einem der folgenden Beiträge zitierte Abschiedsgedicht des Augustiner Chorherren Roman Karl Scholz vor seiner Hinrichtung genannt: „Ich grüße Dich, mein Österreich!"[23] Zur Erinnerung – denn sie wird in der Tat schwächer – seien einige Zeilen aus dem ergreifenden Gedicht Theodor Kramers aus der englischen Emigration, „O Österreich, ich kann für dich nicht streiten", zitiert[24]:

. . . . .
Wann das verbogne Kreuz weht an den Stangen,
Wann sie die besten der Genossen fangen,
Und wieder einer vor dem Richtblock kniet,
Dann glaubt dein Sohn hier, daß er dich verriet.

---

20) Gerhard Botz, Das Anschlußproblem (1918–1945) – aus österreichischer Sicht, in: Deutschland und Österreich. Ein bilaterales Geschichtsbuch, hrsg. von Robert A. Kann und Friedrich E. Prinz, Wien – München 1980, S. 179.
21) Vgl. Karl R. Stadler, Österreich 1938–1945 im Spiegel der NS-Akten (= Sammlung Das einsame Gewissen, Bd. 3), Wien – München 1966, bes. S. 123 ff.
22) Hierfür das ausgezeichnete Werk von Radomir Luža, Der Widerstand in Österreich 1938–1945, Wien 1983.
23) Vgl. in diesem Band S. 53.
24) Theodor Kramer, Gesammelte Gedichte, Bd. 1, Wien – München – Zürich 1984, S. 396. Das Gedicht ist datiert mit 15. Februar 1944. Man lese auch aus der 1943 veröffentlichten Gedichtsammlung „Verbannt aus Österreich" das Titelgedicht (25. August 1942), ebd. S. 319.

O Österreich, ich möcht nicht sterben müssen,
bevor ich Deine Leiten wiederseh,
. . . . .

Mit ganz anderem Akzent als Karl Dietrich Erdmann hat der Münchner Historiker Thomas Nipperdey in einem sehr bemerkenswerten Essay über „Das Ende des großdeutschen Traumes" geschrieben, die Österreicher seien gerade durch den Anschluß zu einer eigenen Nation geworden: „sie sind kein dritter deutscher Staat; die älteren Bundesdeutschen sollten aufhören, über die schnelle Verabschiedung der Österreicher aus der deutschen Geschichte den Kopf zu schütteln, auch wenn die Opferpose – die Österreicher als eine einzige große Trapp-Familie, wie es nach 1945 gelegentlich scheinen sollte – absurd ist."[25]

Auch wenn Österreich, mit einem im Sinne von Ernest Renans Vorstellung von der Nation als „plébiscite de tous les jours"[26] gewachsenen Nationalbewußtsein, sich nicht als dritter deutscher Staat, und – demnächst – schon gar nicht als zweiter deutscher Staat versteht, ist es natürlich unbestritten, daß Österreich ganz überwiegend dem deutschen Sprachraum angehört. Diesem gehören ebenso die deutsche Schweiz, Liechtenstein, Südtirol, teilweise auch Luxemburg, das Elsaß, und das belgische Gebiet um Eupen an. Und natürlich gibt es im deutschen Sprachraum zahlreiche Gemeinsamkeiten im Bereich der Medien, der Literatur, des Theaters, des Verlagswesens und des Wissenschaftsbetriebes – wie im englischen, im französischen oder im spanischen Sprachraum.

Mit einem gut gewählten Ausdruck ist kürzlich vom „Sprachraum-Fernsehen" gesprochen worden – ein richtiger Hinweis auf Programme wie „3sat", die gemeinsam von bundesdeutschen, schweizerischen und österreichischen Fernsehanstalten produziert

---

25) Thomas Nipperdey, Das Ende des großdeutschen Traumes, in: Frankfurter Allgemeine Zeitung, 12. März 1988, Beilage, S. 1–2. Es handelt sich vielleicht um den bedeutendsten Essay, der aus Anlaß des fünfzigjährigen „Anschluß"-Gedenkens veröffentlicht worden ist.
26) Ernest Renan, Qu'est-ce qu'une nation?, Paris 1882, S. 27.

werden.[27] Auch ein Programm wie „Aktenzeichen XY ungelöst", das bundesdeutsche, schweizerische und österreichische Polizeiorgane die Zusammenarbeit mit deutschen, schweizerischen und österreichischen Fernsehern suchen läßt, kommt in den Sinn. Die durch die Verkabelung enorm gestiegenen Möglichkeiten des Empfanges gleichsprachiger, aber verschiedennationaler Fernsehproduktionen brauchen aber wohl kaum, wie dies manchmal der Fall ist, Ängste vor einem neuen Anschluß, einer neuen Einverleibung, wachrufen. In Basel oder Schaffhausen wird man kaum weniger bundesdeutsche Fernsehproduktionen konsumieren als in Innsbruck oder Salzburg.[28]

In Deutschland spricht man statt vom deutschen Sprachraum nicht selten von der deutschen „Kulturnation".[29] Der Begriff der „Kulturnation" ist der deutschen Geschichtsschreibung und Öffentlichkeit seit 1907 geläufig, als der Historiker Friedrich Meinecke in einem

---

27) Hans-Heinz Fabris, Medienkolonie – na und? in: In deutscher Hand? Zu den Beziehungen Österreich – BRD, hrsg. von Margit Scherb und Inge Morawetz, Wien 1990, S. 120. In diesem Band sind bedauerlicherweise in dem Beitrag von Margit Scherb über die politischen Beziehungen zwischen Österreich und der Bundesrepublik Deutschland (ebd. S. 1–25) einige gravierende Fehler enthalten: so gab es 1943 kein „Moskauer Memorandum" (das vielmehr von 1955 datiert), sondern eine Moskauer Erklärung (S. 1); der Prozeß der Teilung Deutschlands wird einseitig, z. B. ohne Erwähnung der erzwungenen Fusion von KPD und SPD zur SED oder der Berliner Blockade dargestellt (S. 3). Raab besuchte die BRD nicht im Oktober 1955, sondern 1956; der Vermögensvertrag wurde im Juni 1957, nicht 1958 abgeschlossen (S. 7 u. 8) u. a. m.

28) Es wäre wünschenswert gewesen, wenn Hans-Heinz Fabris (siehe vorherg. Anmerkung) systematisch die Medienproblematik trilateral anstatt bilateral untersucht hätte, also die sprachraumbedingte Einbindung der deutschen Schweiz in den deutschsprachigen Medienmarkt voll einbezogen hätte.

29) So auch Erdmann, Die Spur Österreichs, S. 34, 87. Erdmann konzediert zwar im ersten seiner beiden Aufsätze die Existenz einer österreichischen Staatsnation (ebd. S. 34) – daher auch der Titel „Ein Volk – zwei Nationen – drei Staaten", doch geht er von der Zugehörigkeit Österreichs zur deutschen Kulturnation aus; zwei Jahre später drückte er sich bezüglich einer österreichischen Nation etwas skeptischer aus (ebd. S. 84 und 85).

berühmten Buch das Begriffspaar „Kulturnation und Staatsnation" prägte.[30)] Zu einer Renaissance der „Kulturnation" kam es nach 1969, als die Hoffnungen auf die politische Einigung Deutschlands endgültig zu schwinden schienen und eine neue Klammer für die Einheit der Deutschen gesucht wurde. Die „Kulturnation" ist eben an Staatsgrenzen nicht gebunden.[31)] In Österreich hat Fritz Fellner im Rahmen seiner Akzeptanz der Thesen Erdmanns von einer in die Gegenwart fortdauernden deutschen Geschichte in drei Staaten folgendes geschrieben: „entkleidet seines Uniformitätsanspruchs" könnte der Begriff der „deutschen Nation" als „jene Überordnung kultureller Gemeinsamkeit von all jenen anerkannt werden, die zur Wahrung der Eigenständigkeit ihrer kulturellen, gesellschaftlichen und politischen Selbstverwirklichung sich vom Nationalismus der deutschen Einheit abgewandt haben."[32)] Doch dem Begriff der „Kulturnation" haftet manches Mißliche an.

Erstens ist auch beim Staatsgrenzen überschreitenden Begriff der Kulturnation „der von jeher im Nationsbegriff enthaltene politische Grundzug" zu bedenken, wie der deutsche Historiker Werner Conze einmal kritisch angemerkt hat.[33)]

---

30) Friedrich Meinecke, Weltbürgertum und Nationalstaat (1. Aufl. 1907), hier zit. nach dem Neudruck der 7. Auflage von 1927, München 1962, hrsg. und eingeleitet von Hans Herzfeld, S. 10–16.
31) Hierzu vorzüglich Karl Dietrich Bracher, Das Modewort Identität und die deutsche Frage, in: Frankfurter Allgemeine Zeitung, 9. August 1986, Beilage S. 1. Vielfach verwendet wird der Begriff der deutschen Kulturnation (mehrfach Österreich und fallweise die deutsche Schweiz einbeziehend, doch vor allem auf das Verhältnis BRD–DDR bezogen) in der Aufsatzsammlung von Wolfgang Mommsen, Nation und Geschichte. Über die Deutschen und die deutsche Frage (= Serie Piper, Bd. 1115), München – Zürich 1990, 76, 84, 186 f. In einem Aufsatz von 1978 sind doch etwas nationalistische Töne hörbar, wenn Mommsen davon spricht, „daß es einen deutschen Kernstaat gibt, die Bundesrepublik, und gleichsam zwei weitere Staaten ‚deutscher Nation', nämlich die DDR und Österreich" (ebd. S. 11).
32) Fellner, Historiographie (wie oben Anm. 12), S. 58.
33) Werner Conze, „Deutschland" und „deutsche Nation" als historische Begriffe, in: Die Rolle der Nation (wie oben in Anm. 16), S. 30.

Spricht man von einem „politischen Grundzug", muß auch an bittere Lehren der deutschen und der österreichischen Geschichte des frühen 20. Jahrhunderts gedacht werden. Der Begriff der Kulturnation – im Unterschied zu dem der Staatsnation, der einem konsensualen, mit Selbstbestimmung, Volkssouveränität und Demokratie verknüpften Volksbegriff nahesteht (Volk als „Demos") – ist historisch eng mit ethnischen Volks- und Nationsvorstellungen verbunden (Volk als „Ethnos").[34] Der ethnische Volks- oder Nationsbegriff ist solange „ungefährlich", als ethnische Eigenart eben in erster Linie als kulturelle Eigenart verstanden wird, solange die Freiheit der Assimilation oder Nicht-Assimilation, des Wechsels von einer zu einer anderen ethnischen Gruppe anerkannt wird. Volk und Nation im ethnischen Sinne wurden zu einer furchtbaren Geißel, als sie – in den Zwanziger- und Dreißigerjahren unseres Jahrhunderts, in Deutschland wie in Österreich – zum Abstammungsverband pervertiert wurden, zu dem „Artfremde" nicht zugelassen oder ausgestoßen wurden. Im Nationalsozialismus, so ist richtig bemerkt worden, wurde „die traditionelle ethnisch-kulturelle Nationsvorstellung der Deutschen rassistisch verschoben".[35] Ein paar Gedichtzeilen können besser als jede wissenschaftliche Abhandlung die Tragödie eines

---

34) Vgl. etwa Emerich K. Francis, Ethnos und Demos. Soziologische Beiträge zur Volkstheorie, Berlin 1965, bes. S. 113 (dort kritisch zur „Kulturnation").
35) M. Rainer Lepsius, Die Teilung Deutschlands und die deutsche Nation, in: Politische Parteien auf dem Weg zur parlamentarischen Demokratie in Deutschland, hrsg. von Lothar Albertin und Werner Link, Düsseldorf 1981, S. 443. Lepsius steht dem Begriff der Kulturnation kritisch gegenüber: „Nationsvorstellungen, die sich primär auf ethnische und kulturelle Eigenschaften einer Kollektivität beziehen, konstituieren als Subjekt der nationalen Einheit und Selbstbestimmung ethnische und kulturelle Wesenheiten, deren Interessen nicht mehr verfahrensmäßig festgestellt werden können. Die geschichtsphilosophisch interpretierten Interessen des „Deutschen Volkes" und der „Deutschen Kultur" entziehen sich dem Prinzip der Mehrheitsentscheidung, der Institutionalisierung von Konflikten, der pragmatischen Kompromißfindung, sie sind insofern politischen Verfassungsformen gegenüber indifferent." Ebd.

Menschen – eines österreichischen Dichters – zeigen, der, seiner jüdischen Herkunft entfremdet, nicht „Deutscher" sein durfte und nicht mehr Österreicher sein konnte. Im Juli 1938 dichtete Theodor Kramer diese Zeilen:[36]

> Immer zählte ich mich zu den anderen;
> über Nacht wird mir bestimmt zu wandern;
> und man reihte stumm zu euch mich ein;
> was, laßt sehn, hab ich mit euch gemein?
> Nicht den Glauben, noch die gleiche Sitte,
> und es schweigt mein Blut in eurer Mitte
> heute, wie es schwieg die ganze Zeit.

Zweitens, und um in die Gegenwart zurückzukehren: Sicher ist die einem Sprachraum gemeinsame Sprachkultur – bei aller Vielfalt ihrer Ausprägungen – ein Faktor ersten Ranges. Das gilt für die deutsche Sprachkultur, ob Lessing, Schiller oder Thomas Mann, Gottfried Keller oder Max Frisch, Robert Musil oder Thomas Bern-

---

[36] Zitiert in: Harry Zohn, „... ich bin ein Sohn der deutschen Sprache nur ...". Jüdisches Erbe in der österreichischen Literatur, Wien – München 1986, S. 143. – Erschütternd ist der Bericht eines sich als assimilierten österreichischen Juden betrachtenden Studenten, der 1931 zur Zeit der Geltung des rassistischen „Studentenrechts" an der Universität Wien im von den Studenten auszufüllenden „Nationale" die Rubrik „Volkszugehörigkeit" ausfüllen mußte: Als er „österreichischer Jude" ausfüllte, strich der der „Deutschen Studentenschaft" angehörende Studentenfunktionär das Wort „österreichischer" aus, so daß nur das Wort „Jude" übrigblieb! Autobiographischer Bericht von Richard Thieberger, Assimilated Jewish Youth and Viennese Cultural Life around 1930, in: Jews, Antisemitism and Culture in Vienna, hrsg. von Ivar Oxaal, Michael Pollak und Gerhard Botz, London – New York 1987, S. 180 f. Zum sogenannten „Gleispachschen Studentenrecht" an der Universität Wien, das vom Verfassungsgerichtshof aufgehoben wurde, siehe Brigitte Fenz, Zur Ideologie der „Volksbürgerschaft". Die Studentenordnung der Universität Wien vom 8. April 1930 vor dem Verfassungsgerichtshof, in: Zeitgeschichte, Bd. 5, 1977/78, S. 125–145.

hard angesprochen sind. Jeder, der Zugang zu großen Werken der englischen Literatur, ob aus England, Irland, Amerika, Kanada oder Australien hat, wird sich der politische – und häufig auch kulturelle! – Grenzen überschreitenden Bedeutung der Sprachkultur der „english speaking world" bewußt sein. Entsprechendes gilt für die Sprachkultur der „Francophonie" von Lausanne bis Quebec, und natürlich für den spanischen Sprachraum von Madrid oder Salamanca bis Mexico, Bogotà oder Buenos Aires![37] Gleichwohl findet man weder in der englischen noch der französischen noch der spanischen Sprache ein Äquivalent für „Kulturnation", es gibt nicht einmal eine sinnvolle Übersetzungsmöglichkeit.[38]

Drittens, und dies ist gerade für Österreichs Geschichte und Gegenwart besonders relevant: Der Begriff der „Kulturnation" läßt die Vielschichtigkeit einander überlappender, aber keineswegs deckungsgleicher Kulturbereiche außer acht. Es gibt eben auch andere, mit der Sprachkultur räumlich keineswegs übereinstimmende Kulturbereiche. Die gegenreformatorische katholische Barockkultur verbindet Österreich nur mit Teilen Deutschlands, wohl aber mit anderen seiner Nachbarländer von der Mittel- und Nordostschweiz bis Slowenien, Böhmen oder Polen, ganz zu schweigen von den spanischen Bezügen der frühneuzeitlichen österreichischen Geschichte und Kulturgeschichte mit ihren Spuren bis ins Werk Grillparzers und Hofmannsthals hinein. Kulturelle Gemeinsamkeiten der

---

37) Einen interessanten Ansatz, Sprachraum und Nationalbewußtsein deutlich scheidend, bringt Ignaz Seidl-Hohenveldern, Die österreichische Nation in der Germanophonie, in: Deutschland als Ganzes. Rechtliche und historische Überlegungen. Anläßlich des 70. Geburtstages von Herbert Czaja, hrsg. von Gottfried Ziegler, Boris Meissner, Dieter Blumenwitz, Köln 1984, S. 319–322.

38) Kann man etwa das Zürcher Schauspielhaus – in dem kaum seltener deutsche und österreichische Direktoren wirken als deutsche Direktoren am Wiener Burgtheater – als Manifestationsort der „deutschen Kulturnation" bezeichnen? Wohl kaum. Aber man kann es sicher, wie das Burgtheater, als bedeutendes Theater im deutschen Sprachraum bezeichnen – so wie das Abbey Theatre in Dublin ein bedeutendes Theater der „english speaking world" ist.

Habsburgermonarchie in ihrer Spätphase um das fin de siècle haben bekanntlich gerade in den letzten Jahren und Jahrzehnten viel Aufmerksamkeit erhalten; die Österreicher finden immer wieder in Krakau oder Lemberg oder Czernowitz oder Budapest oder Prag oder Laibach oder Triest kulturelle Bezüge und Affinitäten, die sie in Basel oder Hamburg oder Berlin nicht finden können. Die Lebendigkeit dieser Bezüge im österreichischen Kulturleben gehört zu den bemerkenswertesten Aspekten der österreichischen Gegenwart.

Vom Reich zur Republik – der Übergang ist ein komplexerer, als der erste Blick auf den Titel des Büchleins erkennen lassen mag. Zweimal in der ersten Hälfte unseres Jahrhunderts hat die Geschichte die Österreicher von einem Reich in eine Republik transportiert – vom Reich der Habsburgermonarchie in die Erste Republik, vom Großdeutschen Reich in die Zweite Republik. Beide Übergänge sind, wie der Leser in der folgenden Studie merken wird, in diesem Buch angesprochen. Der endgültige Übergang vom Bewußtsein, die Österreicher seien „Großstaatmenschen", wie Ignaz Seipel es einmal während der Ersten Republik ausdrückte,[39] zur Bejahung der kleinstaatlichen Republik ist zäh gewesen. Gelungen ist der Übergang nach 1918 noch nicht – erst nach 1945. Anno 1990 sollte Österreich, wenn auch nicht ohne manchen erschrockenen Blick in den Spiegel der eigenen Vergangenheit, doch im Bewußtsein einer gefestigten Identität,[40] in der Lage sein, sich dem buchstäblich in allen Windrichtungen radikal veränderten Europa der Neunzigerjahre zu stellen. Wir wünschen es ihm sehr.

---

[39] Vgl. in diesem Band S. 48 u. 82.
[40] Ein solches Bewußtsein schließt Wissen um die Vielfalt (individueller wie kollektiver) Identifikationsmöglichkeiten nicht aus. Wie Golo Mann es ironisch in nestroyisch anmutenden Worten gesagt hat: „Im übrigen ist man halt mit sich identisch, mit all den Schwierigkeiten, die viele Identitäten bedeuten." Zit. bei Bracher, Das Modewort Identität (wie oben Anm. 31).

II
Vom Reich zur Republik
Brüche und Wandlungen im Österreichbewußtsein seit 1867

1

In seinen viel gelesenen Erinnerungen erzählt Bruno Kreisky, daß er 1933 zum Vorsitzenden des Reichsbildungsausschusses der Sozialistischen Arbeiterjugend avancierte. Und zu Silvester 1934/35, so berichtet er, fuhr er nach Brünn zur ersten Reichskonferenz der (illegalen) Vereinigten Sozialistischen Partei.[1] Wieso „Reichsbildungsausschuß", wieso „Reichskonferenz"? Kreisky kommentiert diese Nomenklatur, älteren Österreichern ebenso vertraut wie sie jüngeren fern und fremd ist, nicht. Hatten die Sozialisten vielleicht den Anschluß an das Deutsche Reich terminologisch vorvollzogen? Mitnichten. Es handelt sich um altösterreichisches Erbe. Auch im konservativen Lager der Zwischenkriegszeit gab es diverse „Reichs"-Institutionen, etwa den Reichsbund der Österreicher, es gab die „Reichspost", und eine uniformierte Formation der dreißiger Jahre, die „Ostmärkischen Sturmscharen" hatten eine „Reichsleitung" mit Schuschnigg als „Reichsführer".

Aber auch zahlreiche ganz unpolitische Organisationen der Ersten Republik bezeichneten sich ebenfalls als „Reichs"-Organisationen. Das Wiener Telephonbuch von 1933 – eine höchst instruktive Lektüre zur Mentalitätsgeschichte der Ersten Republik! – verzeichnet rund vierzig solcher Titel, von der Reichsanstalt für Mutter- und Säuglingsfürsorge über den Reichsverband der Hebammen Österreichs bis zum Reichsverein der österreichischen Buchdruckerei- und Zeitungsarbeiter. Bekannt war die Reichsorganisation der Kaufleute Österreichs, die sogenannte „Reichsorga". Die Vorsilbe „Reichs-" diente also zur Kennzeichnung für „gesamtösterreichisch" während der ganzen Ersten Republik, bis 1938, als sie die Bedeutung

---

[1] Bruno Kreisky, Zwischen den Zeiten. Erinnerungen aus fünf Jahrzehnten, Berlin 1986, S. 124 u. 239.

wechselte; noch das Telephonbuch von 1937 verzeichnet den „Reichsverband jüdischer Legitimisten Österreichs" – ihn gab es nicht mehr lang. Dafür gab es ab Frühjahr 1938 einen „Reichskommissar für die Wiedervereinigung Österreichs mit dem Deutschen Reiche" und einem „Reichsstatthalter" in Österreich mit anderem Bezugsrahmen, ab 1939 Reichsstatthalter in jedem der sieben „Reichsgaue" der Ostmark.

Doch so stark war offenbar die ungebrochene Erinnerung an die vom alten Österreich herkommenden, bis 1938 üblichen „Reichs"-Organisationen, daß anscheinend noch in den ersten Monaten der Zweiten Republik 1945 jene Anfangssilbe Verwendung fand. Jedenfalls findet sich mit Datum 25. September 1945 in den Akten des Amtes für Auswärtige Angelegenheiten der Staatskanzlei ein Aktenvermerk Norbert Bischoffs über eine Intervention des politischen Vertreters der französischen Besatzungsmacht, des Gesandten de Monicault, folgenden Inhalts: Monicault habe Bischoff am Vortage befragt, wieso es bei der „Österreichischen Volkspartei" eine „Reichsparteileitung" und sonstige „Reichsorgane" geben könne. Bischoff gab Monicault zur Antwort, auch er hätte sich darüber gewundert, wisse darüber aber nichts Näheres, glaube sich aber zu erinnern, daß die betreffenden Organe bereits in der Ersten Republik dieses offenbar noch aus der Monarchie geerbte Epitheton trügen. Der französische Diplomat habe hierauf gemeint, „dies möge wohl sein, heute aber habe der Terminus „Reichs"- einen anderen sehr unangenehmen Klang gewonnen und es wäre doch sehr gut, wenn dieses Wort fallen gelassen würde", andernfalls eine offizielle, „möglicherweise imperative" Demarche erfolgen könnte, „was zu vermeiden gewiß alle Beteiligten wünschen würden". Bischoff fügte hinzu, man ersehe hieraus „den außerordentlichen Argwohn, mit dem selbst die geringsten Manifestationen verfolgt werden, hinter denen noch ein Rest einer Bindung an Deutschland vermutet werden könnte". Schon am nächsten Tage, dem 26. September 1945, konnte der Generalsekretär des Außenamtes, Heinrich Wildner, eine rasche Erfolgsmeldung aktenkundig machen: „Landesobmann Figl teilt mit, daß die beanstandete Titulatur abgeschafft wurde".[2)]

Erst damit und damals, so möchte ich zugegebenermaßen pointiert formulieren zur Erwägung stellen, ist die Geschichte Österreichs e n d g ü l t i g von einer „Reichsgeschichte" („Österreichische Reichsgeschichte" lautete ein Pflichtfach für Jus-Studenten bis Mitte der dreißiger Jahre!) zur Republikgeschichte geworden, nicht schon im November 1918. Erst damit und damals, diese These möchte ich zur Diskussion stellen, hat sich das Österreichbewußtsein endgültig von mit wie verschiedenen Inhalten auch immer erfüllten „Reichs"-Vorstellungen gelöst. Erst damit und damals wurde der Weg frei für ein Österreichbewußtsein, das – nunmehr nicht unähnlich der Schweiz – Kleinstaatlichkeit und demokratische Republik positiv über politische Lagergrenzen hinweg zu integrieren vermochte.

2

„Wie weit wurde durch die vielfachen Schwankungen, durch die oft sehr komplexe Struktur des jeweils als Österreich bezeichneten Gebildes das Österreichbewußtsein bedingt, gefärbt und – beeinträchtigt?" Diese Frage hat Erich Zöllner, der Doyen der österreichischen Geschichtsschreiber, in seinem Essay über „Formen und Wandlungen des Österreichbegriffs" (1965) gestellt, der Pflichtlektüre für alle sein sollte, denen österreichische Geschichte wichtig ist.[3]

Stärksten Mutationen ist der Österreichbegriff – und damit das Österreichbewußtsein – ganz besonders im Zeitraum von 1866/67 bis 1945 ausgesetzt gewesen. Die Nachbeben der Brüche und Verunsicherungen dieser rund acht Jahrzehnte spüren wir noch heute. Vor Ausbruch des Krieges von 1866 war das Kaisertum Österreich

---

2) Österreichisches Staatsarchiv, Archiv der Republik, Staatskanzlei/Amt für Auswärtige Angelegenheiten 1945, Zl. 1368-pol/45.
3) Erich Zöllner, Formen und Wandlungen des Österreichbegriffs (1965), in: ders., Probleme und Aufgaben der österreichischen Geschichtsforschung, Wien 1984, S. 14.

mit rund 650.000 km² das größte europäische Reich nach Rußland, und mit einem Teil seiner Königreiche und Länder (und, wie ein Blick auf Triest zeigt, seiner Städte!) Mitglied des Deutschen Bundes. Mit dem Ausgleich von 1867 gerät der Österreichbegriff in eine „permanente Krisensituation", wie Zöllner schrieb.[4] Der nichtungarische Teil der Monarchie, „Cisleithanien", im Sprachbrauch und zunehmend auch amtlich als „Österreich" bezeichnet, umfaßt nur mehr rund 300.000 km². 51 Jahre Später geht dieses Österreich als Teil der Gesamtmonarchie unter, es entsteht eine sogleich den Anschluß an das Deutsche Reich proklamierende Republik, in der man sich anfangs über die Namensgebung höchst unsicher ist. Auf Verlangen der Alliierten heißt diese Republik ab Oktober 1919 „Republik Österreich", sie umfaßt schließlich rund 84.000 km². 1938 verschwindet dieses kleine Österreich von der Landkarte. Ein – keineswegs mit den Nationalsozialisten sympathisierender – österreichischer Sozialwissenschaftler, Franz Borkenau, schreibt in der Emigration im April 1938 in London: „Österreich, soweit eine Vorhersage möglich ist, gehört der Vergangenheit an"![5]

Nach sieben langen Jahren, aus der Perspektive von 1938 einem Wunder gleichend, ersteht die Republik Österreich wieder. Vergleicht man die ungeheuren Veränderungen innerhalb von acht Jahrzehnten dessen, was „Österreich" bedeutet, mit der Stabilität der in diesem ganzen Zeitraum territorial und politisch unverändert bleibenden Schweiz, ermißt man die Schwierigkeiten, Kontinuitäten wie

---

[4] Erich Zöllner, Perioden der österreichischen Geschichte und Wandlungen des Österreich-Begriffs bis zum Ende der Habsburgermonarchie, in: Die Habsburgermonarchie 1848–1918, hrsg. von Adam Wandruszka und Peter Urbanitsch, Bd. III: Die Völker des Reiches, Wien 1980, S. 29. Nunmehr siehe auch: Erich Zöllner, Der Österreichbegriff. Formen und Wandlungen in der Geschichte, Sammlung Österreich Archiv, Wien 1988.

[5] Franz Borkenau, Austria and after, London 1938, S. 319. Bekannt ist Otto Bauers Satz: „Österreich aber ist gewesen." Er findet sich in dem Aufsatz „Österreichs Ende" vom Frühjahr 1938 (Der Kampf, Jg. 1938, Nr. 4), in: Otto Bauer, Werkausgabe, Bd. 9, Wien 1980, S. 844.

Diskontinuitäten der Geschichte Österreichs adäquat darzustellen. Notizen über drei „Diskontinuitätsschwellen" von Österreichbegriff und Österreichbewußtsein – nach 1867, nach 1918, und nach 1938 – folgen und werden mit Erwägungen über Probleme der österreichischen Republikgeschichte abgeschlossen.

3

Warum geriet der Österreichbegriff mit dem Ausgleich von 1867 in eine „permanente Krisensituation?" Das Dilemma von 1867 hat am prägnantesten der Historiker Alfred von Arneth formuliert. Es handelte sich darum, ob Ungarn seine Stellung i n Österreich oder n e b e n Österreich einnehmen sollte.[6] Es erhielt sie de facto neben Österreich. Nur vorübergehend tauchte in der Wiener Presse damals der Begriff „Westösterreich" für den riesigen nichtungarischen Teil der Monarchie auf. Symbolhaft für den Übergang von Altem zu Neuem war, daß Kaiser Franz Joseph am gleichen Tag, dem 21. Dezember 1867 zwei Gesetze sanktionierte, in welchen das Adjektiv „österreichisch" in zwei g a n z v e r s c h i e d e n e n Bedeutungen vorkam: Im Ausgleichsgesetz, die allen Ländern der „österreichischen Monarchie" gemeinsamen Angelegenheiten betreffend, umschloß dieses Wort im Gesetzestitel auch die Länder der Stephanskrone. Gleichzeitig unterschrieb Franz Joseph das Staatsgrundgesetz über die allgemeinen Rechte der Staatsbürger, das eine „österreichische" Staatsbürgerschaft lediglich für die nichtungarischen Länder normierte! Der Dualismus war für die Zeitgenossen eine stärkere Realität – z. B. war beim Wunsch nach Ehescheidung der Unterschied zwischen österreichischer und ungarischer Staatsbürgerschaft wesentlich! – als wir heute annehmen. Der Dualismus hat noch heute bizarre Folgen für die Lehre der Geschichte in Österreich. Wir lernen – und wissen – sehr wenig über ungarische

---

[6] Alfred von Arneth, Aus meinem Leben, 2. Bd., Stuttgart 1893, S. 199–200.

Innenpolitik in der Zeit des Dualismus. Lehren und lernen wir über Außenpolitik der Monarchie, haben wir die Gesamtmonarchie vor Augen; lehren und lernen wir über die innere Geschichte, haben wir ganz überwiegend nur eine Hälfte im Sinne! Auch der habsburgische Reichsbegriff wurde ab 1867 brüchig. Der Reichsrat zu Wien war ab 1867 eben bloß für die halbe Monarchie zuständig. Franz Josephs Bemühen, mit einem „Reichskanzler" (den es in Wien vier Jahre früher als in Berlin gab, nämlich 1867 mit der Ernennung Beusts) einen beide Reichshälften umklammernden Titel zu schaffen, fand wegen ungarischen Widerstands keine Fortsetzung. Auch sonst waren die Ungarn in ihrem Bestreben, den Begriff „Reich" für die Gesamtmonarchie zu bekämpfen, erfolgreich. Die Reduktion des Namens „Österreich" auf Cisleithanien bürgerte sich rascher und früher ein, als wir heute annehmen, auch im offiziellen Gebrauch (nicht erst 1915, wie häufig zu lesen ist; dazu gibt es interessante Quellen). Diese Reduktion war allerdings nicht vollständig. Im Umkreis des dynastisch geprägten „schwarz-gelben" Reichspatriotismus lebte Österreich als Name für die Gesamtmonarchie weiter, etwa im anti-ungarischen Reformprojekt des Rumänen Aurel von Popovici über die „Vereinigten Staaten von Großösterreich" 1906 – und vor allem, bis in die Gegenwart, in der literarischen Überhöhung Kakaniens im Werk Robert Musils.

Ist es beckmesserisch, an Musils Kakanien mit der Sonde des Historikers heranzutreten? Kakanien, so lesen wir bekanntlich bei Musil, „nannte sich schriftlich Österreichisch-Ungarische Monarchie und ließ sich mündlich Österreich rufen; mit einem Namen also, den es mit feierlichem Staatsschwur abgelegt hatte, aber in allen Gefühlsangelegenheiten beibehielt". Ist das Traum, ist das Wirklichkeit? Mindestens für die fast zehn Millionen Magyaren galt dies keineswegs! Ist es beckmesserisch anzumerken, daß Musil pars pro toto setzte, wenn er vom kakanischen Notstandsparagraphen berichtete, mit dessen Hilfe man ohne Parlament auskam, ohne daß er erwähnte, daß dies nur fürs Wiener, nicht jedoch fürs Budapester Parlament galt? Ist es beckmesserisch anzumerken, daß Musils Bemerkung „Vor dem Gesetz waren alle Bürger gleich, aber nicht alle waren eben Bürger" für die Zeit nach 1867 schlicht falsch ist? Niemand wußte dies besser als die Juden der Monarchie, und ich wage zu behaupten, daß in Franz Theodor Csokors Drama „3. November 1918" der jüdische Regimentsarzt Dr. Grün mit seinem „Erde aus Österreich" eine Realität Kakaniens tiefer erfaßt als Musils Kakanienkapitel – nämlich die jüdische. Ist es schließlich beckmesserisch, daran zu erinnern, daß Musil selbst in seinem Aufsatz über den Anschluß an Deutschland vom März 1919 in beißender Schärfe die österreichische Kultur attackierte, sie als „perspektivischen Fehler des Wiener Standpunkts" brandmarkte, obwohl sein Kakanien selbst so stark diese Perspektive reflektiert?[7]

4

Die Krise des Österreichbegriffs und des Österreichbewußtseins nach dem Untergang der Monarchie war radikal. Karl Renners erster Verfassungsentwurf vom Oktober 1918 galt zunächst einem Freistaat „Südostdeutschland". Die „Innsbrucker Nachrichten", die im Frühjahr 1919 eine Umfrage für einen geeigneten Staatsnamen durchführten, lehnten nicht nur den Namen „Österreich", sondern auch „Deutsch-Österreich" ab: „Wir und die Welt wissen jetzt bloß, daß wir nicht Ungarn sind, aber auch nicht Tschechisch-, Polnisch- oder Südslawisch-Österreich, sondern – Deutsch-Österreich, als ob es übrigens die andern gäbe. Ja, den Andern ist es gar nicht eingefal-

---

[7] Robert Musil, Der Anschluß an Deutschland (März 1919), in: Robert Musil, Gesammelte Werke, hrsg. von A. Frisé, Bd. 8 (Reinbek 1978) S. 1039, 1041, zit. bei Fritz Fellner, Die Historiographie zur österreichisch-deutschen Problematik als Spiegel der nationalpolitischen Diskussion, in: Österreich und die deutsche Frage im 19. und 20. Jahrhundert, hrsg. von Heinrich Lutz und Helmut Rumpler (= Wiener Beiträge zur Geschichte der Neuzeit, Bd. 9), Wien 1982, S. 41. Die Zitate aus dem Kakanienkapitel sind entnommen aus: Robert Musil, Der Mann ohne Eigenschaften (= Ges. Werke in Einzelausgaben, hrsg. von Adolf Frisé), Hamburg 1952, S. 34.

len, den belasteten alten Namen weiterzuführen". Wie lange sei es her, daß man auf den Namen „Österreich" stolz sein konnte, meinte die Zeitung; die kommende Generation solle nicht damit belastet werden: „Man tanzt wieder – auch in Innsbruck – und wird hoffentlich wieder Kinder zeugen, wozu ja das Tanzen eine gute Vorübung sein soll; aber diese Kinder werden anders denken und leben als wir und unsere Eltern. Baut ihnen ein neues Haus, in dem sie glücklich werden können; benennt es aber nicht mit einem romantischen Namen aus vergangenen Tagen". Die Umfrage der Zeitung ergab gar originelle Vorschläge (hier nur eine Auswahl): Hochdeutschland, Deutsches Bergreich, Donau-Germanien, Ostsass, Ostdeutscher Bund, Deutschmark, Teutheim, Treuland, Friedeland, Deutsches Friedland.[8]

Als die Alliierten den Namen „Deutsch-Österreich" ablehnten, begründete Renner seine Präferenz für eine Republik der „deutschen Alpenlande" damit, der Name „Deutsch-Österreich" habe besagt, daß „alle Deutschen des ehemaligen Österreich" vereinigt seien und einen Staat bildeten – da nun die Sudetendeutschen durch den Vertrag von Saint-Germain von den Alpendeutschen getrennt worden seien, träfe dies nicht mehr zu. Trotzig begleitete die Erste Republik den Zwang, sich Republik Österreich nennen zu müssen, im Oktober 1919 mit der verfassungsmäßigen Verankerung der deutschen Sprache als Staatssprache (auch heute geltendes Verfassungsrecht) mit der Begründung – so der Motivenbericht – das dadurch „unsere Eigenschaft als deutscher Nationalstaat" zum Ausdruck gebracht werde.[9] Mit Recht hat der Salzburger Historiker

---

[8] Innsbrucker Nachrichten v. 6. und 8. März 1919; siehe auch Friedrich F. G. Kleinwaechter, Von Schönbrunn bis St. Germain, Graz 1964, S. 145–146.

[9] Renners Kommentierung des Staatsnamens „Deutsch-Österreich" für einen Staat, der Sudetendeutsche und Alpendeutsche umfassen sollte, in: Stenogr. Protokolle der Konstituierenden Nationalversammlung, 29. Sitzung, 6. September 1919, S. 766; zum Motivenbericht über das Gesetz über die Staatsform vom 21. Oktober 1919 (StGBl. Nr. 484), in dem die deutsche Sprache als Staatssprache eingeführt wurde, vgl. Kleinwaechter, Von Schönbrunn bis St. Germain, S. 148–149.

Gerhard Botz gemeint, es sei ungeklärt, wie weit die Anschlußidee in der breiten Masse der Bevölkerung, insbesondere in der Arbeiterschaft und bei den Bauern, wirklich vorhanden gewesen sei, wenn nicht ihre Wirksamkeit überhaupt oft überschätzt werde.[10] Dem ist hinzuzufügen, daß in den ersten Jahren nach 1918 primär die Mentalität des „Rette sich, wer kann und wo er kann" dominierte; die Richtung war nicht nur Deutschland, wie Tirols verzweifelter Versuch, Südtirol durch Proklamation einer neutralen Republik Tirol zu retten, oder die Vorarlberger Anschlußbewegung an die Schweiz zeigen. Doch das „Deutschfühlen" beherrschte die Intellektuellen und die Politiker mit wenigen Ausnahmen (wie Heinrich Lammasch, der damals schon die Analogie des kleinen Österreich zur Schweiz zog, eine Analogie, die übrigens mehrfach auch von Karl Renner, u. a. auch nach Hitlers Machtergreifung 1933, verwendet wurde).

Zwei Beispiele, die heute zu schockieren vermögen: Hans Kelsen schrieb 1926, es sei ein „sittlich unerträglicher Zustand, daß sechseinhalb Millionen Menschen zu einem Gemeinwesen zusammengezogen werden, das jeden inneren Sinnes, jeder politischen Idee entbehrt". Kelsen – übrigens ohne Verständnis für das historische Gewachsensein der Bundesländer – meinte: „Weder historische noch nationale, noch religiöse, noch kulturelle Gründe sind es, die das heutige Österreich rechtfertigen können, das nichts als ein willkürlicher Fetzen Landes ist, übriggeblieben, nachdem die Sieger ihre territorialen Bedürfnisse . . . befriedigt haben".[11] Im gleichen Jahr 1926 erklärte Sigmund Freud einem Interviewer, seine Sprache sei

---

10) Gerhard Botz, Das Anschlußproblem (1918–1945) aus österreichischer Sicht, in: Deutschland und Österreich. Ein bilaterales Geschichtsbuch, hrsg. von Robert A. Kann, und Friedrich E. Prinz, Wien – München 1980, S. 182–183. Siehe auch Erik Bielka, Wie viele Österreicher waren in der Ersten Republik für den Anschluß an Deutschland? In: Geschichte und Gegenwart Bd. 7, 1988, S. 38–50.
11) Hans Kelsen, Zur Anschlußfrage, in: Republikanische Hochschul-Zeitung (München), Bd. 2 (1926) Heft 1/2, S. 1–2. Zit. in meiner Studie „Hans Kelsen, die österreichische Bundesverfassung und die rechtsstaatliche Demokratie" in: Gerald Stourzh, Wege zur Grundrechtsdemokratie, Wien 1989, S. 317.

deutsch, seine Kultur sei deutsch; er habe sich geistig als Deutscher betrachtet, bis er das Anwachsen antisemitischer Vorurteile in „Deutschland und Deutschösterreich" bemerkt habe; seither ziehe er es vor, sich Jude zu nennen ...[12]

Die Dominanz eines „deutschen" Bewußtseins, in welchem das sprachlich-kulturelle, bei vielen auch das „völkische" Zusammengehörigkeitsgefühl die staatlich-politischen sowie sprachübergreifenden kulturellen Sozialisationselemente überwog, ist in den letzten Jahrzehnten Cisleithanien-Altösterreichs durch eine Entwicklung von großer Tragweite gefördert worden: Mehr und mehr war die Überzeugung entstanden, daß die „Volksstämme" entscheidungsberechtigte Faktoren des öffentlichen Lebens seien. Ein tschechischer Politiker, Josef Kaizl, hatte 1898 in Prag gefordert, „nur aufgrund übereinstimmenden Beschlusses beider Volksstämme" sollten hinfort Gesetze zustande kommen.[13] Der berühmte Mährische Ausgleich von 1905 beruhte auf diesem Prinzip. Der Kampf um den „Besitzstand" der „Volksstämme" (so war Österreichs politisches Vokabular um 1900!) hatte es mit sich gebracht, daß Karl Lueger im Gemeindestatut Wiens von 1900 für die Verleihung des Bürgerrechts das Gelöbnis verankerte, „den deutschen Charakter der Stadt" nach Kräften aufrecht erhalten zu wollen.

Über die Zäsur von 1918 hinweg ist dieser Primat des „Volksstammes" wirksam geworden. Ein neuer Begriff, jener der „Volksbürgerschaft" taucht auf, übrigens auch von Seipel begrüßt, aber diese Idee führt an mehreren Hochschulen der Ersten Republik, 1930/31 auch an der Universität Wien, zur Errichtung einer obligatorischen Gliederung der Studenten nach „Nationen", wobei die „deutsche Studentennation" Juden und Mischlinge ausschloß. Gottlob bereitete der Verfassungsgerichtshof diesem Spuk bald ein Ende.[14]

---

[12] Sigmund Freud in einem Interview mit George S. Viereck, zit. bei: Peter Gay, Freud, Juden und andere Deutsche, Hamburg 1986, S. 112.
[13] Zit. bei: Gerald Stourzh, Die Gleichberechtigung der Nationalitäten in der Verfassung und Verwaltung Österreichs 1848–1918, Wien 1985, S. 14.

Im Hinblick auf die so viele Lebensbereiche durchdringende Dominanz des „Deutschfühlens" in der Ersten Republik scheint es umso mehr geboten, die häufige Kritik an der These vom „zweiten deutschen Staat" der Ära Dollfuß-Schuschnigg in einen breiteren Kontext zu stellen. Die Sozialdemokratie, und das wird zu selten gesehen, war nämlich drauf und dran, nach Hitlers Machtergreifung in Deutschland ebenfalls die These vom zweiten, „besseren" deutschen Staat zu verfechten. In einem Artikel „Österreichs Mission" im „Arbeiter-Sonntag" (Beilage zur AZ vom 15. Oktober 1933, ungezeichnet, Otto Bauers Autorschaft ist nicht auszuschließen) heißt es: „Ein deutsches Land der Freiheit, ein deutsches Land des Geistes und der Kultur – das sollte Österreich sein." Am Vortage hatte Otto Bauer dem sozialdemokratischen Parteitag namens der Parteivertretung einen Text unterbreitet, wonach die Arbeiterklasse jederzeit bereit sei, „die Unabhängigkeit und die Freiheit des österreichischen Volkes (sic!) gegen den deutschen Nationalfaschismus (sic!) zu verteidigen", wenn (neben Garantien der Demokratie, der Freiheitsrechte und der sozialen Errungenschaften der Arbeiterklasse) „diese Republik für die gesamte deutsche Nation die Mission erfüllt, in einer Zeit, in der das deutsche Volk im Reiche unter die blutige Herrschaft einer barbarischen Despotie gefallen ist, auf einem Teil deutschen Bodens, deutscher Freiheit, deutscher Kultur, dem Aufwärtsringen deutscher arbeitender Volksmassen eine Stätte zu erhalten."[15)]

Die These vom „besseren" deutschen Staat war also kein Spezifikum des Dollfuß-Schuschnigg-Regimes.[16)] Schon um den Natio-

---

14) Dazu die vorzügliche Dissertation von Brigitte Fenz, Volksbürgerschaft und Staatsbürgerschaft. Das Studentenrecht in Österreich 1918–1932 (maschinschr. Diss. Universität Wien, 1977), sowie dies., Zur Ideologie der ‚Volksbürgerschaft' – Die Studentenordnung der Universität Wien vom 8. April 1930 vor dem Verfassungsgerichtshof, in: Zeitgeschichte, Bd. 5 (1977/78), S. 125–145. Für eine zeitgenössische Kritik an der rassistischen Struktur des „Gleispachschen" Studentenrechts der Universität Wien siehe: Herbert Stourzh, „Studentenrecht und Christentum", in: Menschheitskämpfer, Jg. 6, Nr. 3, 5. Februar 1932, S. 4–5.

nalsozialisten das Wasser abzugraben, hätte sich eine schwarz-rote Kooperation, wäre sie je zustandegekommen, einer solchen These bedient. Dem widerspricht nicht, daß in der Zeit von 1933 bis 1938 durch die Mobilisierung eines an Altösterreich orientierten Traditionsbewußtseins gerade in katholischen und regimetreuen Jugendgruppen ein starkes Österreichbewußtsein gefördert wurde, – ganz abgesehen von den Ideen des Kreises um Ernst Karl Winter, Alfred Missong und Hans-Karl Zessner-Spitzenberg, und Coudenhove-Kalergis Anwendung des von der Schweiz bis Nordamerika geltenden Prinzips der politischen Nation auf Österreich.[17]

---

15) Otto Bauers Autorenschaft des Artikels „Österreichs Mission" ist sehr wahrscheinlich, ebenso wie der zitierte Text der Parteivertretung (hiefür Arbeiter-Zeitung vom 15. 10. 1933) Otto Bauers Handschrift trägt. Noch im Frühjahr 1938 nach der Einverleibung Österreichs verwendete Bauer die Formel von Österreich als „Stätte deutscher Freiheit", wäre es zur Zusammenarbeit von Sozialdemokraten und Christlichsozialen gekommen. Otto Bauer, Werkausgabe, Bd. 9 (wie oben Anm. 5), S. 837–838, hier 838.

16) Eine einseitige, den historischen Kontext nicht gebührend in Rechnung stellende Interpretation der These vom zweiten deutschen Staat im Dollfuß–Schuschnigg-Regime findet sich bei: Anton Staudinger, Zur „Österreich"-Ideologie des Ständestaates, in: Das Juliabkommen von 1936, Wien 1977, S. 198–240.

17) Vgl. besonders Richard Coudenhove-Kalergi, Geburt einer Nation, in: Pan-Europa, Februar 1935, zit. bei Kurt Skalnik, Auf der Suche nach der Identität, in: Österreich 1918–1938. Geschichte der Ersten Republik, hrsg. von Erika Weinzierl und Kurt Skalnik, Bd. 1, Graz 1983, S. 19. Die Formel von der österreichischen Nation war in den Dreißigerjahren ein Kampfbegriff im Kampf gegen den Nationalsozialismus, der in der katholischen Publizistik um Jahre früher auftaucht als in der kommunistischen Publizistik. Ein erster (ungezeichneter) Artikel „Österreichische Nation" erschien in dem Organ der von Schuschnigg geführten „Ostmärkischen Sturmscharen": Sturm über Österreich, Nr. 13, 16. Juli 1933. Coudenhove-Kalergis Artikel datiert vom Februar 1935, Ernst Karl Winter äußerte sich zur österreichischen Nation in seiner Schrift „Monarchie und Arbeiterschaft" von 1936 (1. Oktober 1936), die Artikel des Kommunisten Alfred Klahr erschienen im März und April 1937. Vgl. auch Wolfgang Häusler, Wege zur österreichischen Nation, in: Römische Historische Mitteilungen, Bd. 30 (1988) S. 381–411.

5

Entscheidend für die Konstellation der Jahre 1933/34 war, daß sich der Bundeskanzler Dollfuß, wie treffend gesagt worden ist, Mussolinis Überzeugung zu eigen machte, daß „die einzig erfolgversprechende Methode, die Situation in Österreich gegen die Dynamik des Nationalsozialsmus zu stabilisieren", der Versuch wäre, „den Konkurrenten die Waffe des Antimarxismus zu entwinden".[18] Wesentlich drastischer formulierte ein Vertreter jenes Regierungsflügels, der die Mussolinische Linie am radikalsten verfocht, nämlich der Heimwehr, seine politische Strategie: „Wir können den Nationalsozialismus in Österreich schlagen, indem wir ihn ‚überhitlern'". So sprach der Ideologe der Heimwehrbewegung, Odo Neustädter-Stürmer, in einer Besprechung der Regierungsparteien Ende März 1933. Dies war eine schreckliche Fehldiagnose, die von vornherein den Zusammenschluß des Regierungslagers und der Sozialdemokratie gegen den Nationalsozialismus unmöglich machte.[19]

---

[18] Jens Petersen, Konflikt oder Koalition zwischen Christlich-Sozialen und Sozialdemokraten?, in: Österreich in Geschichte und Literatur, Bd. 16, 1972, S. 432. Ich folge in diesem Abschnitt einigen meiner Arbeiten zur Vorgeschichte des „Anschlusses", u. a. meinem Gedenkvortrag am 11. März 1988 anläßlich des Gedenkakts des Landtages und der Landesregierung von Niederösterreich, veröffentlicht unter dem Titel „Österreich im 20. Jahrhundert – Umbrüche und Konstanten" in: Niederösterreich '38–'88 (= NÖ-Schriften, Bd. 16, Wien 1988, S. 21-32, sowie meinem Aufsatz: Der Weg zur Einverleibung Österreichs, in: Die Entfesselung des Zweiten Weltkrieges und das Internationale System, hrsg. von Klaus Hildebrand, Jürgen Schmädeke und Klaus Zernack (Veröffentlichung der Historischen Kommission zu Berlin), Berlin – New York 1990, S. 213–221.

[19] In einer Besprechung der Mehrheitsparteien am 25. März 1933, in: Protokolle des Klubvorstandes der Christlich-Sozialen Partei 1932–1934, hrsg. von Walter Goldinger, Wien 1980, S. 204. Schuschnigg hat in anderem Zusammenhang Neustädter-Stürmer „rein faschistisches Gedankengut" attestiert. Kurt Schuschnigg, Im Kampf gegen Hitler, Wien – München – Zürich 1969, S. 169. Neustädter-Stürmer verübte im März 1938 Selbstmord.

Nicht vergessen sollte werden, daß es zunächst noch Bereiche gab, in welchen selbst nach Ausschaltung des Nationalrats durch die Regierung Dollfuß noch zwischen Christlichsozialen und Sozialdemokraten gegen die Nationalsozialisten kooperiert wurde. Im niederösterreichischen Landtag rief der sozialdemokratische Abgeordnete Leopold Petznek – später der Gatte der Tochter des Kronprinzen Rudolf – im Juni 1933 aus: „Hitler-Deutschland führt Krieg gegen Österreich". Christlichsoziale und Sozialdemokraten beschlossen gemeinsam mehrere Landesverfassungsgesetze gegen die Nationalsozialisten, zuletzt noch am 31. Jänner 1934![20]

Die Jahre 1934 bis 1938 waren Jahre der Zerrissenheit und Fremdheit dreier Lager der österreichischen Bevölkerung. Verschiedene Initiativen zur Annäherung zwischen dem „vaterländischen" Lager und den Besiegten des Februar 1934 – die Namen Ernst Karl Winter, Alfred Maleta, später auch Richard Schmitz wären zu nennen – scheiterten teils an der Bitterkeit der Besiegten, teils am Desinteresse oder dem Nichtwollen der wichtigsten Entscheidungsträger. Bundeskanzler Schuschnigg war – noch bis zum Vorabend von Berchtesgaden! – ein entschiedener Bremser. Noch am 10. Februar 1938 sagte Schuschnigg, ein „Zusammengehen mit den Marxisten zur Bekämpfung der Nazi" sei absolut abzulehnen; er begründete es damit, daß wir damit „an die Seite der ČSR und damit in eine außenpolitische Isolierung" kämen.[21] In dieser befand sich Österreich allerdings bereits zunehmend, spätestens seit 1936.

Im Jänner 1936 hat Mussolini Österreich zur Satellisierung durch das Deutsche Reich freigegeben. Mussolini empfahl dem deutschen Botschafter in Rom ein deutsch-österreichisches Abkommen, wonach Österreich als „formell unbedingt selbständiger Staat praktisch ein Satellit Deutschlands würde." Mussolini sah große Vorteile für

---

[20] Hermann Riepl, Der Landtag in der Ersten Republik, Wien 1972 (= Teil 1 des Werkes Fünfzig Jahre Landtag von Niederösterreich), S. 365.

[21] Zitiert in: Everhard Holtmann, Zwischen Unterdrückung und Befriedigung – Sozialistische Arbeiterbewegung und autoritäres Regime in Österreich 1933–1938, Wien 1978, S. 239.

Deutschland und Italien, indem „Deutschland einen zuverlässigen Satelliten erhalte, während gleichzeitig deutsch-italienisches Mißtrauen . . . zerstört würde."[22] Die Jahre 1936 bis 1938, unter dem Zeichen des nicht bloß auf Rat, sondern unter Druck Mussolinis abgeschlossenen Juliabkommens waren Jahre einer „kontrollierten Akkomodation" gegenüber dem Dritten Reich, in der Hoffnung auf Zeitgewinn, und in der Hoffnung, eine gewisse Akkomodation nicht in schleichende oder galoppierende Satellisierung übergehen zu lassen.

Trotz allem soll nicht vergessen werden, daß in den Jahren 1933 bis 1938 immer wieder in Österreich vernehmliche, starke öffentliche Kritik am nationalsozialistischen System erscholl, das im benachbarten Deutschen Reich schon an der Macht war. Das Fiasko des nationalsozialistischen Putsches vom Juli 1934 mit dem internationalen Echo auf die Ermordung des Bundeskanzlers Dollfuß war in der Tat der einzige außenpolitisch relevante Mißerfolg Hitlers zwischen der Machtergreifung und der Entfesselung des Krieges. Sehr klare Stimmen waren in diesen Jahren aus Österreich zu hören. Der katholische deutsche Philosoph Dietrich von Hildebrand, vor den Nationalsozialisten nach Österreich geflüchtet, hat in der Zeitschrift „Der christliche Ständestaat" – er wollte sie eigentlich „Das neue Österreich" nennen – Erstaunliches veröffentlicht und veröffentlichen lassen. Die zutiefst antichristliche Blut- und Rassenlehre des Nationalsozialismus ist von Hildebrand schärfstens attackiert worden. Hildebrand hat Tendenzen des katholischen Antijudaismus ohne Umschweife angegriffen. Alfred Missong hat mutig gegen das zwischen Nationalsozialismus und Kirche Brücken bauende Buch des Bischofs Alois Hudal polemisiert. Ein ganz klares Wort zur wahren Natur des Nationalsozialismus ist dort im Herbst 1934 von Herbert Stourzh gesagt worden: „Es hat nicht erst der Berliner und Münchner Junimorde und der Schandtat des 25. Juli bedurft, um den

---

22) Bericht des Botschafters Ulrich von Hassel (später ein Opfer des 20. Juli!), abgedruckt in: Esmonde Robertson, Zur Wiederbesetzung des Rheinlands 1938, in: Vierteljahreshefte für Zeitgeschichte, Bd. 10, 1962), S. 189.

Nationalsozialsmus als Nationalbestialismus zu erkennen und Deutschlands vermeintliche Erhebung im Zeichen des Hakenkreuzes in Wirklichkeit als Deutschlands Erniedrigung zu erweisen." In dieser Zeitschrift schrieben ein Ernst Krenek, ein Josef Roth; dieser machte aus seiner Ablehnung der Parole vom „zweiten deutschen Staat" kein Hehl.[23]

Das finis Austriae vom März 1938 ist ein von außen – am 12. Februar 1938 in Berchtesgaden – eingeleiteter und, als Folge der Hitler aufs äußerste reizenden Volksabstimmungsentscheidung Schuschniggs, am 11. März durch ultimative Interventionen zum Abschluß kommender Akt der Gewalt gewesen. Was sich zwischen 12. Februar und 11. März 1938 an Mobilisierung und Dynamisierung der österreichischen Nationalsozialisten abspielte, war eine Folge von Hitlers ultimativen Forderungen vom 12. Februar und in der letzten Phase – der Machtergreifung der österreichischen Nationalsozialisten in den Bundesländern in den Abendstunden des 11. März 1938 – eine Folge von Hitlers und Görings ultimativen Reaktionen auf den Volksabstimmungsplan.[24] Mit all ihren großen Schwächen war die geplante Volksabstimmung eine Herausforde-

---

[23] Vgl. u. a. Dietrich von Hildebrand, „Die letzte Maske fällt", Ausgabe vom 8. Juli 1934; Alfred Missong zu Bischof Hudals Buch „Die Grundlagen des Nationalsozialismus", Ausgabe vom 29. November 1936; Herbert Stourzh, „Deutscher Mensch oder deutscher Unmensch", Ausgabe vom 7. Oktober 1934.

[24] Daß (u. a.) durch „das Kanzlertreffen im Februar 1938" der „evolutionäre Weg einer Angliederung an das Deutsche Reich" vorgezeichnet wurde, ist eine Interpretation, der ich mich nicht anschließen kann; sie findet sich bei Erwin A. Schmidl, März 1938. Der deutsche Einmarsch in Österreich, Wien 1987 S. 256. Auch die in diesem Werk mehrfach anklingende Annahme der Möglichkeit eines zwar nationalsozialistisch gewordenen, aber doch eine gewisse Unabhängigkeit wahrenden Österreich (ebd. S. 103, 107–108) steht im Widerspruch zu den nationalsozialistischen Parolen „Heim ins Reich" oder „Ein Volk, ein Reich, ein Führer". Eine realistischere Darstellung des provisorischen Charakters der sogenannten „Personalunionspläne" findet sich bei Gerhard Botz, Die Eingliederung Österreichs in das Deutsche Reich, 2. erg. Aufl. Wien 1976, S. 32–39, bes. S. 39.

rung Hitlers und damit ein Akt des Widerstandes. Die Schuschniggschen Worte „Wir weichen der Gewalt" entsprechen einem historischen Tatbestand, und ich sehe keinen Anlaß, das Urteil des englischen Historikers Francis Carsten zu revidieren: Hitlers Sieg vom März 1938 „war nur zum Teil den Anstrengungen der österreichischen Nationalsozialisten zuzuschreiben, und noch mehr deutschem Druck und der militärischen Macht des Dritten Reiches."[25]

Das hier Gesagte wird durch das Phänomen der Massenpsychose in den dem 11. März folgenden Tagen nicht widerlegt. Der Historiker Klemens von Klemperer hat mit Recht gesagt, daß die Diskrepanz zwischen der Mehrheit, die, wie man allgemein annimmt, das von Schuschnigg angesetzte Plebiszit gebracht hätte, und der überwältigenden Begeisterung auf dem Heldenplatz am 15. März und dem NS-Plebiszit vom 10. April zu auffallend sei, um sie auf sich beruhen zu lassen. „Im Laufe der dem 11. März folgenden Ereignisse", so Klemperer, setzte eine „natürlich von zunehmendem Terror begleitete Krisendynamik ein, die jenseits aller rationalen Erklärung, nur mit Mitteln massenpsychologischer Erklärungen zu verstehen ist. Die Lage glich einem Erdbeben, das den Seismograph plötzlich wild ausschlagen läßt. Später erst legt sich dann wieder die Krisenpsychose und weicht im Laufe einer Ernüchterung einer neuen Normalität, in der sich wieder rationale Positionen herausschälen, wie Identifizierung mit dem neuen Regime, Anpassung, Attentismus, Ablehnung, Resistenz und Widerstand".[26]

---

[25] Francis L. Carsten, Faschismus in Österreich, München 1978, S. 291. 1988 hat der bundesdeutsche Historiker Franz Müller geschrieben: „Der Begriff „Anschluß" hatte in seiner ursprünglichen Qualität mit der Aktion vom März 1938 denkbar wenig gemeinsam. Deshalb scheint die Anwendung dieses Terminus in diesem Zusammenhang unter wissenschaftlichen Gesichtspunkten nicht haltbar zu sein." Franz Müller, Franz von Papen und die deutsche Österreichpolitik in den Jahren 1934 bis 1938, in: Tirol und der Anschluß. Voraussetzungen, Entwicklungen, Rahmenbedingungen 1918–1938, hrsg. von Thomas Albrich, Klaus Eisterer und Rolf Steininger, Innsbruck 1988, S. 377 f.

[26] Klemens von Klemperer, Diskussionsbeitrag auf einem Symposion der Österreichischen Akademie der Wissenschaften im Februar 1988, in:

Die Geschichte Österreichs von 1938 bis 1945 in der NS-Zeit oder Nazi-Zeit ist in den vergangenen Jahrzehnten unter bestimmten Schwerpunkten geschrieben worden. In erster Linie wurde sie als die Geschichte der Opfer und Verfolgten, der in die Emigration Getriebenen, der Helden des Widerstandes, der schrittweise Desillusionierten – und auch als Geschichte der NS-Verbrecher geschrieben. Die etappenweise Zerschlagung des Namens „Österreich" – von der ehemaligen „Ostmark" bis zu den „Reichsgauen des Donau- und Alpenlandes", da Hitler sogar die „Ostmark" zu viel an Einheit dokumentierte – ist vielfach geschildert worden; es wäre reizvoll, die wenigen Namen aufzuspüren, die das Wort „österreichisch" während der ganzen NS-Zeit bewahrten. Es gibt sie! Die „Erste österreichische Spar-Casse" bewahrte ihren Namen, und der Bundesverlag überwinterte sieben Jahre lang als „Österreichischer Landesverlag"; tausende Schulzeugnisse der NS-Zeit trugen unten am Rande den Druckvermerk „Österreichischer Landesverlag"! Doch ein – Millionen Menschen in Österreich – betreffender Aspekt der Geschichte der sieben Jahre ist erst in den letzten Jahren, beginnend mit den Werken von Gerhard Botz und Ernst Hanisch, in Angriff genommen worden: die Geschichte der Anpassung; sie zu untersuchen ist so schwierig, weil die Anpassung nicht nur viele Gesichter, sondern auch viele Motive hatte; von der Anpassung als Tarnung, als Alibi über die Anpassung ans Unvermeidliche, an das als endgültig Gesehene bis zur Anpassung des Mitläufertums waren die Nuancen unzählbar.[27]

Drei Momentaufnahmen zur „Anpassung" in Österreich nach dem Anschluß:

Österreich, Deutschland und die Mächte – internationale und österreichische Aspekte des „Anschlusses" vom März 1938, hrsg. von Gerald Stourzh und Birgitta Zaar, Wien 1990, S. 465.

[27] Gerhard Botz, Wien vom „Anschluß" zum Krieg, 2. Aufl. Wien – München 1980; Ernst Hanisch, Nationalsozialistische Herrschaft in der Provinz, Salzburg 1983.

1. Mit Datum Gloggnitz, 1. November 1938, schreibt Karl Renner ein Postskriptum zum Vorwort seiner Broschüre über „Die Gründung der Republik Deutschösterreich, der Anschluß und die Sudetendeutschen": „Die vorliegende Arbeit war beendet und dem Druck übergeben, als im dramatischen Ablauf einiger Wochen durch die beispiellose Beharrlichkeit und Tatkraft der deutschen Reichsführung, vereint mit der weitblickenden Staatsklugheit Großbritanniens, unter opferbereiter Selbstüberwindung Frankreichs und heroischer Verzichtleistung der Tschechoslowakei, mit dem vermittelnden Beistand Italiens, ohne Krieg und Kriegsopfer, sozusagen über Nacht, das sudetendeutsche Problem volle Lösung fand." Renner meinte ferner, die „Münchner Vereinbarungen schließen ein leidvolles Kapitel der Geschichte, indem sie die Donaumonarchie für alle Zeiten liquidieren und das Nationalstaatsprinzip für Mitteleuropa zu Ende führen". In seiner Konklusion lobte Renner die Mächte des Münchner Abkommens: „Die Tetrachie der abendländischen Großmächte hat an Stelle des Völkerbundes gehandelt." Das also waren Chamberlains England, Daladiers Frankreich, Mussolinis Italien und Hitlers Deutschland – die „Tetrachie der abendländischen Großmächte"! Ein Umbruchexemplar dieser (unveröffentlicht gebliebenen) Broschüre ist auf Anordnung Adolf Schärfs bis 1970 im Internationalen Institut für Sozialgeschichte in Amsterdam unter Verschluß gehalten worden, doch die Kommunisten besaßen auch ein Exemplar und veröffentlichten Auszüge daraus zu Renners 80. Geburtstag 1950, vierzehn Tage vor seinem Tod.[28]

Ich habe mich im Oktober 1984 bei einem Renner-Symposium in Gloggnitz damit befaßt und, anstatt mit erhobenem Zeigefinger über Renner herzufallen, was leicht ist, auf das Phänomen der Zeiteinschätzung hingewiesen. Wir wissen, daß 1945 auf 1938 folgte. Hätte jedoch jemand Renner an jenem 1. November 1938 gesagt, sieben Jahre und sieben Wochen später werde er zum Bundespräsidenten

---

[28] Renners Broschüre ist einsehbar u. a. in der Bibliothek des Instituts für Geschichte der Universität Wien, dem Dokumentationsarchiv des österreichischen Widerstandes in Wien und im Archiv des „Internationaal Instituut voor Sociale Geschiedenis" in Amsterdam.

der Republik Österreich gewählt werden, er hätte den Betreffenden wohl ungläubig und ohne Verständnis angeblickt. Es sei an die bereits zitierten Worte Franz Borkenaus vom April 1938 erinnert: „Österreich, soweit eine Vorhersage möglich ist, gehört der Vergangenheit an". Aus dieser Perspektive des zu Ende Gegangenen, des Endgültigen – die uns heute unvorstellbar, nicht nachvollziehbar geworden ist – können Renners Worte verstanden werden. Umso mehr sollte allerdings unser besonderer Respekt jenen gelten, die frühzeitig, und gegen den Strom der Zeit, für „Österreich" ihr Leben riskierten und es auch oft genug verloren.

2. Zweite Momentaufnahme – 15. Jänner 1940. In der Karlskirche erfolgte die Einsegnung des verstorbenen Kabinettsdirektors der Bundespräsidenten der Ersten Republik Dr. Josef Freiherr von Löwenthal. Zwei ehemalige Bundespräsidenten, Michael Hainisch und Wilhelm Miklas, sind anwesend. Es wird (in einer noch unveröffentlichten Quelle)[29] berichtet, daß nach den Kondolenzen Hainisch zu Fuß Richtung Resselpark von dannen gegangen sei, Miklas einen ihm belassenen Staatswagen (einen großen Daimler, mit zwei Hakenkreuzflaggen) bestiegen habe. Tatsächlich wissen wir aus Walter Goldingers Miklas-Aufsatz, daß Hitler im März 1938 verfügte, es seien Miklas alle Bezüge, eine Dienstwohnung und ein Dienstwagen zu belassen. Miklas, so Goldinger, habe sich „mit dem vorübergehenden Untergang des Staates Österreich abgefunden und paßte sich den herrschenden Verhältnissen an". Dies bedeutet nicht, daß Miklas nicht viel gelitten hätte; seine Korrespondenz mit Seyss-Inquart im April 1938, vor Jahren von Ludwig Jedlicka veröffentlicht, doch wenig bekannt, zeigt seine Skrupel, ob er am 10. April 1938 mit „ja" stimmen sollte. Unter dem subtile Drohungen einschließenden Druck Seyss-Inquarts entschloß sich Miklas (einem Brief vom 7. April 1938 zufolge), sich „auch jetzt in großer Schicksalsstunde, als Deutscher dem eigenen innersten Empfinden gehorchend und

---

[29] In einer Aufzeichnung des nachmaligen Botschafters Dr. Josef Schöner vom 16. Jänner 1940. Für die Erlaubnis zur Verwendung dieser Aufzeichnung bin ich Frau Rita Schöner zu Dank verpflichtet.

nicht zuletzt auch dem Appell der österreichischen Erzbischöfe und Bischöfe folgend, nicht vom deutschösterreichischen Volke (zu) trennen, wenn es sich zur Wiedervereinigung mit dem deutschen Reiche bekennt."[30] Miklas verlor drei seiner Söhne im Kriege, der Verlobte einer seiner Töchter kam im KZ um.

3. Dritte Momentaufnahme – 21. Dezember 1940. Anton von Webern, dessen Musik von den Machthabern als entartete Kunst verfemt war, schreibt einem eingerückten Freund über Entdeckungen, die er bei der Lektüre Stefan Georges gemacht habe. „Ich möchte Ihnen noch sagen, daß ich bei Stefan George ganz eminent interessante Entdeckungen gemacht habe: im ‚Stern des Bundes', in dem er eine Lehre gibt, die jetzt vielfach ihre Verwirklichung erfährt –, aber schon 1914!!! u. im ‚Neuen Reich' (1921) in dem im Grunde die Dinge direkt genannt sind: er spricht vom ‚wahren Sinnbild' am ‚völkischen Banner'!!!"[31] Jetzt sah Webern, so schreiben seine

---

[30] Walter Goldinger, Wilhelm Miklas, in: Die österreichischen Bundespräsidenten. Leben und Werk, hrsg. von Friedrich Weißensteiner, Wien 1982, S. 82–120. Die Korrespondenz mit Seyss-Inquart vom April 1938 veröffentlicht als Anhang zu: Ludwig Jedlicka, Verfassungs- und Verwaltungsprobleme 1938–1955, in: Die Entwicklung der Verfassung Österreichs vom Mittelalter bis zur Gegenwart, hrsg. vom Institut für Österreichkunde, Graz 1963, S 138–141. In einer Aufzeichnung vom Mai 1939 hat Miklas von sich selbst geschrieben, er sei vorläufig noch „durch ein wohlwollendes Führerwort sozusagen als der letzte Deutschösterreicher unter Denkmalschutz gestellt". In einer Aufzeichnung vom 12. April 1938 sagt Miklas, auf die Ereignisse vom 11./12. März 1938 eingehend, daß er „etwas nach Mitternacht vor der siegreichen österreichischen Revolution der NSDAP, also vor der politischen Bewegung im eigenen deutschösterreichischen Volke" kapituliert habe; der apologetische Charakter dieser Äußerungen in Hinblick auf den Zeitpunkt, in dem sie geschrieben wurden, muß in Rechnung gestellt werden. Veröffentlicht in: Rudolf Neck, Wilhelm Miklas und der „Anschluß" 1938, in: Arbeiterbewegung – Faschismus – Nationalbewußtsein, hrsg. v. Helmut Konrad und Wolfgang Neugebauer, Wien – München – Zürich 1983, S. 99–113, hier S. 113 sowie S. 106.

[31] Hans und Rosaleen Moldenhauer, Anton von Webern. Chronik seines Lebens und Werkes, Zürich 1980, S. 480 (an Josef Hueber).

Biographen Hans und Rosaleen Moldenhauer, „in George den Propheten einer neuen deutschen Generation, durch die Vorsehung, wie er meinte, hinter einem erwählten Führer vereint." Diese Zeilen aus Georges „Das neue Reich" faszinierten Webern:

> Der sprengt die ketten fegt auf trümmerstätten
> Die ordnung, geißelt die verlaufnen heim
> Ins ewige recht wo großes wiederum groß ist
> Herr wiederum herr, zucht wiederum zucht, er heftet
> Das wahre sinnbild auf das völkische banner
> Er führt durch sturm und grausige signale
> Des frührots seiner treuen schar zum werk
> Des wachen tags und pflanzt das Neue Reich.[32]

Doch gleichzeitig korrespondierte Webern mit emigrierten Freunden in der Schweiz, verkehrte mit einem jüdischen Freund bis zu dessen Untertauchen als U-Boot. Mitten im Kriege in Wien führte er den bayerischen Komponisten Karl Amadeus Hartmann in ein Werk Arnold Schönbergs ein. Webern sprach „schließlich so glühend über dieses Werk, daß ich mir vorkommen konnte wie derjenige, den Vergil durch Himmel und Hölle führte" – so berichtete Hartmann nach Hause. Doch er berichtete auch, daß Webern ernstlich die Meinung vertrat, „daß um der lieben Ordnung willen eine j e d e Obrigkeit respektiert werden müsse und der Staat, in dem man lebt, um jeden Preis anzuerkennen sei . . . Sein Wohlwollen gegenüber denjenigen, die ihn an die Wand drücken, ist mir unbegreiflich."[33] Von Weberns Kindern und Schwiegerkindern stand die Mehrzahl der NS-Bewegung nahe, ein Schwiegersohn war SA-Mann, sein Sohn Peter von Webern war Illegaler und schrieb noch am 31. Jänner 1945 aus Znaim, man müsse kämpfen und arbeiten, „bis der Sieg unscr ist" (er starb kurz darauf an den Folgen einer bei einem

---
[32] Ebd. S. 481.
[33] Ebd. S. 492.

Luftangriff erlittenen Verwundung).³⁴⁾ Webern erachtete es für zweckmäßig, eine Büste Gustav Mahlers, „die für mehr als ein Jahrzehnt in seinem Heim einen Ehrenplatz innegehabt hatte, in die Abgeschiedenheit seines Schlafzimmer zu verbannen, damit sie den wachsamen Augen von Nazi-Sympathisanten entginge".³⁵⁾ In Wien verfemt, darf Webern gleichwohl noch 1943 in die Schweiz zu einem Konzert mit seinen Werken reisen. Webern kehrt nach Wien zurück, wo er weiter verfemt ist... Wenige Geschichtswerke haben bis jetzt die schizophrene Existenz, die Menschen in Österreich während der Nazizeit führen konnten, so anschaulich geschildert wie die Moldenhauer-Biographie Anton von Weberns.

7

Von Miklas berichtet sein Biograph Walter Goldinger: „Er entwickelte Pläne für Wallfahrten im Großdeutschen Reich und sah auch im März 1945 noch keinen Schimmer eines wiedererstehenden Österreich, sondern nur die über das Abendland hinziehenden drohenden Wolken aus dem Osten. Wie so viele Österreicher huldigte er ja romantischen Vorstellung vom Führungsanspruch Österreichs in Deutschland."³⁶⁾

Die Reichsromantik spielte im Österreich der ersten Jahrzehnte dieses Jahrhunderts eine große Rolle; ein zeitgenössischer Skeptiker – obgleich Katholik und Legitimist! – Ernst Karl Winter, kritisierte sie sogar als „Reichsmystik".³⁷⁾ „Das Neue Reich" – das war nicht nur Stefan Georges Band von 1921, der Anton von Webern faszinierte; das war auch der Name einer katholischen Zeitschrift. „Das

---

34) Ebd. S. 544.
35) Ebd. S. 482.
36) Goldinger, Miklas, a. a. O., S. 120.
37) Ernst Karl Winter, Monarchie und Arbeiterschaft (Beiheft 1 zu den Wiener Politischen Blättern, 1. Oktober 1936), wiederveröffentlicht in: Karl Hans Heinz, E. K. Winter. Ein Katholik zwischen Österreichs Fronten 1933–1938, Wien – Köln – Graz 1984, S. 270.

Neue Reich und seine Begründung" – das war aber auch der Titel des Hauptkapitels von Karl Renners Buch über die Grundlagen und die Entwicklungsziele der Österreichisch-Ungarischen Monarchie von 1906! Im Übergang von Monarchie zu Republik, vom Großreich zum Kleinstaat, im Schwanken zwischen Unabhängigkeit und Anschluß blühte die Reichsromantik.[38)] Seipels Worte von 1928, die Österreicher seien ihrer ganzen Natur nach „Großstaatmenschen", und es sei keine Aufgabe für die Bewohner der karolingischen Ostmark und die Erben der Türkenbesieger, „unser eigenes Gärtchen zu bebauen und gegen Entree den Fremden zu zeigen", ist oft zitiert worden.[39)]

Die Reichsromantik bietet den Schlüssel zum Österreichbewußtsein jener Übergangsjahrzehnte vom Untergang Altösterreichs bis zum Entstehen der Zweiten Republik. Es gab sie in verschiedenen Varianten, und es wäre irrig, diese alle mit Hitlerismus und Drittem Reich in Verbindung zu bringen. Es gab sie im katholischen Lager, und der Katholikentag in Wien im September 1933 bordete über von Beschwörungen einer romantischen Reichsidee. Es gab sie in einer konfessionell nicht gebundenen Variante im Geschichtswerk Heinrich von Srbiks, und es ist nicht erstaunlich, daß die Nachfahren Srbiks von besonderem Interesse für das Projekt des „Deutschen Historischen Museums" in Berlin erfüllt sind. Es gab, in Fortführung der „Achtundvierziger"-Tradition, auch sozialdemokratische Reichsromantik.[40)]

[38)] Vorzüglich ist das Werk von Klaus Breuning, Die Vision des Reiches. Deutscher Katholizismus zwischen Demokratie und Diktatur (1929–1934), München 1969, mit zwei informativen Abschnitten zur österreichischen Publizistik S. 25–38 und 253–265. Sehr stark kam ein katholischer Reichsgedanke zum Ausdruck in Schuschniggs Rede vor dem Allgemeinen deutschen Katholikentag in Wien am 9. September 1933, als Broschüre veröffentlicht unter dem Titel: Kurt Schuschnigg, Die Sendung des deutschen Volkes im christlichen Abendlande, Wien (1933).

[39)] Seipel in einem Brief an Wilhelm Bauer vom 31. Juli 1928, zit. in: Viktor Reimann, Zu groß für Österreich – Seipel und Bauer im Kampf um die Erste Republik, Wien – Frankfurt – Zürich 1968, S. 190–193.

Was „Reich" einem Generationsgenossen aus der (katholischen) Jugendbewegung der dreißiger Jahre bedeuten konnte, hat Otto Schulmeister im Sammelband „Vom Reich zu Österreich" beschrieben: „Reich – das klingt heute wie eine romantisch-pubertäre Verranntheit; daß das Wort auch in Österreich vorkommt, etwas mit universalistischem Anspruch zu tun hat, ja, der Name ein Schicksalswort sein könnte, das ist völlig verblaßt. Eines war es jedenfalls in den dreißiger Jahren für uns nicht: Hitler, das Dritte Reich, das NS-Regime. Messianismus, deutsche, im besonderen österreichische Mission verband sich damit, die Vorstellung einer erneuerten politischen Ordnung für eine aus den Fugen geratene, für die Überlebenden im Kleinstaat als sinnlos geltende Welt."[41]

8

„Kleinstaat" – „sinnlos": nach Drittem Reich und Zweitem Weltkrieg war es das nicht mehr. „Wir sind wieder Österreicher". Diese Eintragung aus einem (unveröffentlichten) Wiener Tagebuch vom April 1945 kennzeichnet eine tausendfach erlebte Erfahrung. Das Wiederfinden und Wiedererlangen von Vertrautem, das verloren gegangen war, das vielleicht auch erst durch den Verlust schätzenswert oder neu und höher eingeschätzt wurde – dies alles ist eine wesentliche Komponente des Österreichbewußtseins nach 1945.

Es gilt heute, der neuen Lüge von der sogenannten „Lebenslüge" der Zweiten Republik entgegenzutreten. Noch gibt es genug Angehörige der „Generation von 1945", die zu bezeugen vermögen, daß und wie sehr sie die Wiedererrichtung Österreichs nach 1945 als „Befreiung" empfunden haben. Der Schreiber dieser Zeilen, wenn

---
[40] Vgl. u. a. Ernst Panzenböck, Ein deutscher Traum. Die Anschlußidee und Anschlußpolitik bei Karl Renner und Otto Bauer, Wien 1985; ferner Günter Fellner, Ludo Moritz Hartmann und die österreichische Geschichtswissenschaft, Wien – Salzburg 1985, bes. S. 269–270.
[41] Otto Schulmeister, Reifeprüfung auf Tod und Leben, in: Vom Reich zu Österreich, hrsg. von Jochen Jung, Salzburg 1983, S. 155.

auch 1945 erst fünfzehn- bis sechzehnjährig, kann dies ebenfalls bezeugen. Das Erlebnis der Wiedergeburt Österreichs 1945 ist für ihn ein sein ganzes weiteres Leben prägendes Grunderlebnis gewesen. Es gilt, gegen die neue Modewelle „Es waren ja (fast) alle Österreicher für den Anschluß, Nazis" etc. Stellung zu beziehen.[42] Die Identitätsbildung, die Staats- und Nationsbildung der Zweiten Republik, wie Gerhard Botz zutreffend geschrieben hat, ist „nicht durch Einigung, sondern durch Herauslösung aus einem größeren politischen Herrschaftszusammenhang bei Weiterbestehen eines mehr oder minder starken kulturellen Zusammenhanges mit anderen Nationen" erfolgt.[43] – „Österreich", so schrieb der bedeutendste politische Denker der Donaumonarchie im 19. Jahrhundert, Joseph von Eötvös, „ist ganz als Produkt der Geschichte zu betrachten".[44]

---

42) Vgl. oben S. 39–41 sowie auch Gerald Stourzh, Die Außenpolitik der österreichischen Bundesregierung gegenüber der nationalsozialistischen Bedrohung in dem Sammelband: Österreich, Deutschland und die Mächte (wie oben Anm. 26), S. 319–346. –
Auf eine Eigenheit der Hitlerschen Volksabstimmung vom 10. April 1938 mit ihren ominösen 99,73% Jastimmen im Land Österreich soll, weil sie fast immer übersehen wird, hingewiesen werden: Die nach den NS-Gesetzen als Juden oder „Geltungsjuden" bezeichneten Personen – die, wie ein NS-Funktionär schrieb, „aber in den bisherigen (d. h. österreichischen, G. St.) Listen als normale Staatsbürger aufgeführt stehen"(!), waren nicht stimmberechtigt; ebensowenig in Schutzhaft befindliche und auch fallweise sonstige, nicht in die Stimmlisten aufgenommenen politischen Gegner; ebensowenig Zigeuner. Dies bedeutet, daß gering geschätzt weit über 150.000 erwachsene Österreicher, nach einer allerdings wohl überhöhten Schätzung von G. Botz sogar 8% der vor dem „Anschluß" stimmberechtigten Österreicher – und zwar eben solche, die bei einer freien Abstimmung fast ausschließlich mit „nein" gestimmt hätten, gar nicht zugelassen wurden! Dann sehen aber die ominösen 99,73% anders aus! Vgl. auch die Hinweise in: „Anschluß" 1938, hrsg. vom Dokumentationsarchiv des österreichischen Widerstandes, Wien 1988, S. 471 f., 490–494, 523.
43) Botz, Anschlußproblem (wie oben Anm. 10), S. 179.
44) Josef Freiherr von Eötvös, Die Garantien der Macht und Einheit Österreichs, 3. Aufl. Leipzig 1859, S. 85. Das Buch erschien zunächst ohne Verfassernamen.

Natürlich hatte Eötvös das Kaisertum Österreich im Sinne. Doch gilt dies auch heute. Die österreichische Geschichte war nie die Geschichte einer ethnischen oder sprachlichen Einheit; sie war immer, und ist auch heute, die Geschichte zusammengefügter und in vielfacher Weise zusammengewachsener Länder.[45] Zur Geschichte Österreichs zählt eben auch die Geschichte der seit 1945 vergangenen mehr als vier Jahrzehnte. Innerhalb von ein bis zwei Generationen hat sich viel geändert. Wenn heute zwei Österreicher – sagen wir in England – miteinander Deutsch sprechen und sie angesprochen werden: „Are you German?", werden wohl die meisten Österreicher unter 60 spontan antworten: „No, we are Austrians." Vor fünfzig oder sechzig Jahren wäre die Antwort wohl komplizierter ausgefallen, etwa: „Ja, aber aus Österreich", oder: „Wir sind Deutsch-Österreicher."[46]

Zweierlei gilt es, deutlich zu machen.

Erstens sollte uns die historisch und juristisch begründete Überzeugung vom gewaltsamen Ende der österreichischen Unabhängigkeit im März 1938, sollte uns auch die Entwicklung eines österreichischen Identitätsbewußtseins in den vergangenen vier bis fünf Jahrzehnten nicht hindern dürfen, einen moralischen „Haftungszusammenhang" für die Österreichern und Deutschen gemeinsame NS-Zeit zu sehen. Zu dem Erniedrigendsten, was Landsleute in diesem Jahrhundert, in diesem Land ihren jüdischen Mitmenschen angetan haben, möchte ich bloß die Worte des Oberrabbiners Dr. Taglicht beim erzwungenen Waschen der Straße im Gebetsmantel in Wien berichten: „Ich wasche Gottes Erde ... Wenn es Gott so gefällt, so gefällt es auch mir." Hier können wir alle, in Scham vor

---

45) Vgl. auch die vor dem Erscheinen stehende Studie: Gerald Stourzh, Der Umfang der österreichischen Geschichte, in: Geschichte Österreichs. Probleme ihrer Darstellung, hrsg. von Herwig Wolfram und Walter Pohl, erscheint im Rahmen der Veröffentlichungen der Kommission für die Geschichte Österreichs der Österreichischen Akademie der Wissenschaften Wien 1991.
46) Vgl. hierzu in diesem Band S. 100.

dem Angetanen, in Ehrfurcht vor dieser Gottesliebe, nur verstummen.[47]

Obgleich in den jüngstvergangenen Jahren in der österreichischen Geschichtsschreibung viel nachgeholt wurde, bleibt die systematische Einordnung der NS-Zeit in die österreichische Republikgeschichte auf der Tagesordnung der Geschichtswissenschaft in Österreich. Wichtig wird es sein, das Zeitmoment der inneren Wiederentdeckung Österreichs nach 1938 zu beachten. Das großartige Österreich-Gedicht von Gerhard Fritsch[48] beginnt mit den Worten:

> Eitel genannt belächelt ausposaunt
> bezweifelt totgesagt, verraten verboten.

---

47) Hierzu: Herbert Rosenkranz, Verfolgung und Selbstbehauptung – Die Juden in Österreich 1938–1945, Wien 1978, S. 23, sowie Thomas Chaimowicz, „Lacht nicht, ich wasche Gottes Erde". Als Jude und Legitimist im Wien von 1938, in: 1938 – Anatomie eines Jahres, hrsg. von Thomas Chorherr, Wien 1987, S. 292–299. Zu den wichtigsten Veröffentlichungen über Ausbruch und Folgen eines nicht mehr von den Normen der staatsbürgerlichen Gleichberechtigung, wie sie in Österreich bis zum 11. März 1938 galten, in Schranken gehaltenen Antisemitismus, zählen die folgenden: Jonny Moser, Die Katastrophe der Juden in Österreich – ihre Voraussetzungen und ihre Überwindung, in: Der Gelbe Stern in Österreich (= Studia Judaica Austriaca, Bd. 5), Eisenstadt 1977, S. 67–134; Gerhard Botz, Wohnungspolitik und Judendeportation in Wien 1938 bis 1945. Zur Funktion des Antisemitismus als Ersatz nationalsozialistischer Sozialpolitik, Wien – Salzburg 1975; Hans Safrian und Hans Witek, Und keiner war dabei – Dokumente des alltäglichen Antisemitismus in Wien 1938, Wien 1985. – In Österreich kaum bekannt sind die in ihrer Konventionalität unheimlichen Worte Adolf Eichmanns: „Es lebe Deutschland. Es lebe Argentinien. Es lebe Österreich. Das sind die drei Länder mit denen ich am engsten verbunden war. Ich werde sie nicht vergessen." Zit. in: Hannah Arendt, Eichmann in Jerusalem – Ein Bericht von der Banalität des Bösen, München 1964, S. 300.

48) Gerhard Fritschs Österreich-Gedicht „Dieses Land", 1966 im Auftrag der Zeitschrift „Die Furche" zum Nationalfeiertag verfaßt, ist enthalten in Fritschs „Gesammelte Gedichte" im Otto Müller Verlag Salzburg und vielfach abgedruckt.

So schwierig, ja unmöglich es uns ist, auf dem heutigen Fundament eines dem Großteil der heute lebenden Österreicher durchaus unproblematischen Österreicherbewußtseins dies nachzuvollziehen, müssen wir für die Zeit vom Frühjahr 1938 bis etwa Kriegsausbruch das Wort „totgesagt" – trotz rühmlicher Gegenbeispiele in Widerstand und Emigration – ernster nehmen, als wir wollen. Die antinationalsozialistische Freiheitsbewegung des Augustiner Chorherren Roman Karl Scholz nannte sich zunächst „Deutsche Freiheitsbewegung"; erst mit Kriegsausbruch hat Scholz den Namenswechsel zu „Österreichische Freiheitsbewegung" vollzogen; auch da war seine Gruppe auf der Suche nach einem Großösterreich, noch nicht nach dem kleinen Österreich. Es tut dem Mut eines Roman Scholz und unserem Respekt vor seinem Opfertod keinen Abbruch, wenn wir eben das Zeitmoment der inneren Wiederentdeckung Österreichs bedenken. Vor seiner Hinrichtung 1944 dichtete Scholz diese Zeilen:[49)]

> Ich grüße dich, mein Österreich!
> Euch Freunde! und das schöne Wien!
> Gott schirme und geleite Euch
> zu einer bessren Zukunft hin!

Zweitens ist aber auch deutlich zu machen, daß die Republik Österreich seit 1945 nicht Teil eines „dreigeteilten Deutschland" ist, wie der bedeutende Kieler Historiker Karl Dietrich Erdmann in einem inzwischen berühmt gewordenen Vortrag im April 1985

---

49) Zur Namensänderung der Scholz-Gruppe vgl. Edda Pfeifer, Beiträge zur Geschichte der österreichischen Widerstandsbewegung des konservativen Lagers 1938–1940. Die Gruppen Karl Roman Scholz, Dr. Karl Lederer und Dr. Jakob Kastelic, phil. Diss. Wien 1963, S. 93. Das Gedicht „Ich grüße dich, mein Österreich" abgedruckt in: Franz Stundner, Das katholische Lager, in: Widerstand und Verfolgung in Niederösterreich 1934–1945, Bd. 3, Wien 1987, S. 78.

(„Drei Staaten – zwei Nationen – ein Volk?") formulierte.[50] Eine „deutsche Geschichte seit der Teilung", die von drei aus dem Zusammenbruch des Dritten Reiches entstandenen Staaten gemeinsam gebildet würde – und dies ist Erdmanns Konzeption – scheint äußerst problematisch zu sein. Eine derartige Auffassung der deutschen Geschichte eines „dreigeteilten Deutschland" hypostasiert nämlich ein „Normaljahr" als Bezugspunkt, das Jahr 1938, und das in diesem Jahr entstandene Großdeutsche Reich als Bezugsrahmen für das, was als deutsche Geschichte auch nach 1945 anzusehen sei. Die Wiederausgliederung und Wiedererrichtung der Republik Österreich 1945 trug einen grundlegend anderen Charakter als jener Teilungsprozeß, der zur Errichtung und schließlich Konsolidierung der Bundesrepublik Deutschland sowie der DDR geführt hat. Es ist bemerkenswert, daß die jahrelange Übung, von „beiden" deutschen Staaten oder von „zwei" deutschen Staaten zu sprechen, in den letzten Jahren mancherorts abgelöst wird durch den Hinweis auf „drei" deutsche Staaten oder eben gar wie bei Erdmann auf das „dreigeteilte Deutschland". Dies ist es, was ich als Tendenz zu einer „Wiedervereinnahmung" Österreichs bezeichne; es wäre nicht unmöglich, daß dieser Sprachänderung Motive zugrundeliegen, die mit den enttäuschten Wiedervereinigungshoffnungen der Ära Adenauer zusammenhängen. Drei Deutsche Staaten, das war vielleicht weniger schmerzlich als bloß von den „beiden" deutschen Staaten zu sprechen, deren Wiedervereinigung nicht absehbar war. Ein deutsches Volk in drei deutschen Staaten? Wie ist diese These Erdmanns mit der Präambel zum Grundgesetz der Bundesrepublik Deutschland vereinbar, in der es heißt: „Das gesamte Deutsche Volk bleibt aufgefordert, in freier Selbstbestimmung die Einheit und Freiheit Deutschlands zu vollenden." Sind wir da miteinbezogen?

---

50) Karl Dietrich Erdmann, Drei Staaten – zwei Nationen – ein Volk? Überlegungen zu einer deutschen Geschichte seit der Teilung, Kiel 1985. Wiederveröffentlichung u. a. in dem Bändchen: Karl Dietrich Erdmann, Die Spur Österreichs in der deutschen Geschichte. Drei Staaten – zwei Nationen – ein Volk, Zürich 1989 (= Manesse Bücherei Bd. 27), S. 7–37. Siehe hierzu ausführlich die Einleitung oben S. 10–20.

Die These vom „dreigeteilten Deutschland" läßt übrigens einen seit vier Jahrzehnten immer enger gewordenen Zusammenhang außer acht, der zwischen der deutschen Schweiz, der Bundesrepublik und Österreich auf allen Gebieten der Sprachkultur besteht – im Bereich der Literatur, des Verlagswesens, des Theaterwesens, des Hochschul- und Wissenschaftswesens, sowie im Medien- und besonders im Fernsehbereich. Wie sehr darüber hinaus die Zweite Republik Österreich strukturell Analogien zur Schweiz aufweist, im endlich positiv angenommenen Kleinstaatbewußtsein, in der Annahme der ständigen Neutralität – dies geht ebenfalls ganz verloren, wenn eine Konzeption der „deutschen Geschichte nach 1945" Österreich einbezieht, die deutsche Schweiz aber ausklammert.

Die Überlappungen, Berührungen, zeitweise Fusionen der neueren und neuesten österreichischen und deutschen Geschichte sind mannigfaltig; studieren wir sie, erkennen wir sie, verdrängen wir sie nicht. Tun wir dies als gute Nachbarn, und subsumieren wir nicht eine unter der anderen.

III
Die historischen Grundlagen der Zweiten Republik

Unter den Ereignissen, die im 20. Jahrhundert für die Geschichte Österreichs bestimmend waren, ragt im Bewußtsein der Österreicher der Staatsvertrag am stärksten hervor, stärker als der Erste oder der Zweite Weltkrieg, stärker auch als der Zusammenbruch der Donaumonarchie 1918 oder der Beginn der Zweiten Republik 1945. Dies gilt in besonderem Maße für die mittlere und die jüngere Generation der Österreicher. Eine repräsentative Meinungsumfrage des Jahres 1980 – übrigens noch vor Einsetzen der Veranstaltungen zum Staatsvertragsjubiläum durchgeführt – ergab, daß 41 Prozent der Österreicher den Staatsvertrag als ein „bestimmendes" Ereignis für Österreichs Geschichte in diesem Jahrhundert betrachten, jedoch bloß 13 Prozent den Beginn der Zweiten Republik mit dem gleichen Stellenwert ausstatten.[1] Das gibt zu denken, denn es könnte sein, daß ein Ereignis wie der österreichische Staatsvertrag zwar in seiner grundlegenden Bedeutung für die Zweite Republik erkannt, aber zu isoliert, zu wenig in Verbindung mit den anderen Grundlagen der Zweiten Republik gesehen wird. So scheint es sinnvoll, die Ereignisse des Jahres 1955 in einen umfassenderen historischen Zusammenhang einzubinden. Dies ist das Ziel des vorliegenden Essays.

Die Republik, deren Souveränität mit dem Staatsvertrag vom 15. Mai 1955 wiederhergestellt wurde, verdankt ihren Namen – Republik Österreich – eigentlich einer List der Geschichte. Nur unter dem Zwang der alliierten Siegermächte war die konstituierende Nationalversammlung Deutschösterreichs im Jahre 1919 bereit, den Namen der Republik Deutschösterreich in „Republik Österreich" umzuwandeln.

Das Entstehen der Zweiten Republik ist durch eine eigentümliche

---

[1] Das österreichische Nationalbewußtsein in der öffentlichen Meinung und im Urteil der Experten. Studie der Paul-Lazarsfeld-Gesellschaft für Sozialforschung, Wien 1980.

Gemengelage von „Neuem" und „Altem" gekennzeichnet – ein Phänomen, dem einige Aufmerksamkeit zu schenken ist, da es für die Entwicklung des österreichischen Nationalbewußtseins von Interesse ist. Das Jahr 1945 hat in manchem „restaurative" Züge aufgewiesen – das Wiederfinden, Wiedererlangen von Vertrautem, das verloren gegangen war, das erst durch den Verlust schätzenswert oder zumindest neu und höher eingeschätzt wurde. Das neue Österreich der Zweiten Republik war nicht so neu, wie es manchmal den Anschein hat, und die vielgeschmähte Erste Republik hat ihrer glücklicheren Tochter ein reicheres Erbe hinterlassen, als wir gemeinhin annehmen. Vier Bestandteile dieses Erbes sollen kurz genannt und in ihrer Bedeutung für die Zweite Republik gewürdigt werden.

1. Die Länder und der föderalistische Aufbau der Republik. Die Länder Österreichs haben sich als das stabilste Element der österreichischen Geschichte im 20. Jahrhundert erwiesen. Die Länder überlebten nicht nur den Übergang von Monarchie zu Republik, vom Großstaat zum Kleinstaat, sie konnten sich auch als aktive, konstituierende Glieder der neuen Republik fühlen, als die meisten von ihnen im Herbst 1918 eigene feierliche „Beitrittserklärungen" zur Republik Deutschösterreich abgaben. Die Krise des Österreichbegriffs in den Jahren nach 1918 ließ das Landesbewußtsein, den Landespatriotismus erst recht erstarken, wenn auch manchmal mit zentrifugalen, Österreich in Frage stellenden Tendenzen – etwa im Falle der Vorarlberger Anschlußbewegung an die Schweiz oder bei den nur teilweise verwirklichten Plänen für länderweise Anschlußbestimmungen im Krisenjahr 1921. Schon unmittelbar nach dem Umsturz 1918 war es zur „Verländerung" der früheren kaiserlichen Verwaltung gekommen. Die Tatsache, daß an die Stelle des kaiserlichen, von der Zentralregierung eingesetzten Statthalters ein Landespolitiker trat, der Landeshauptmann als Leiter der ab 1920 so genannten „mittelbaren Bundesverwaltung", bedeutete nicht bloß eine Stärkung des demokratischen, sondern ebenso des föderalistischen Elements in Österreich. Die Einführung einer einheitlichen Landesverwaltung unter Leitung eines gewählten Landeshauptmannes sowohl für die

Angelegenheiten der mittelbaren Bundesverwaltung als auch für die autonomen Landesangelegenheiten seit 1925 stärkte die Stellung der Länder im Gefüge der Republik in einer bis in die Gegenwart wirkenden Weise. Wenn die Öffentlichkeit der Zweiten Republik die Landeshauptleute oft als „Landesfürsten" bezeichnet, spiegelt sich in dieser Ausdrucksweise eine politische und psychologische Realität.

Die Mehrzahl der Länder konnte ihre Individualität sogar in der Zeit der nationalsozialistischen Herrschaft bewahren, wenngleich es schwere Eingriffe in die Länderstruktur gab, vor allem die Aufteilung des Burgenlandes auf die Steiermark und „Niederdonau", oder auch die Angliederung Osttirols an Kärnten. Allerdings fuhren die Länder besser als Österreich. Österreich wurde zur Ostmark umfunktioniert, doch selbst dieses Wort mißfiel Hitler, weil es immer noch eine unerwünschte Einheit bezeichnete; ab 1942 wurde der Begriff Ostmark untersagt. Die meisten Länder hingegen konnten als „Reichsgaue", ab 1942 als „Alpen- und Donau-Reichsgaue", ihre Identität und Verwaltungsstruktur bis zum Wiedererstehen Österreichs bewahren.

Die Zweite Republik erstand 1945 nicht bloß in Wien, mit der Unabhängigkeitserklärung der Provisorischen Staatsregierung vom 27. April 1945. Die Landeshauptstädte wurden Schauplatz der Konstituierung provisorischer Landesausschüsse oder Landesregierungen, teilweise, wie in Innsbruck, Dank der Tätigkeit der Widerstandsbewegung unter Karl Gruber, noch vor dem Einmarsch der Alliierten. Allerdings ist nun ein wichtiger Faktor des Geschehens von 1945 zu nennen: Die Pläne der Alliierten für Österreich begünstigten das Wiedererstehen der Länder. Die Aufteilung der Besatzungszonen 1945 erfolgte im großen und ganzen aufgrund der Ländereinheiten. Dies war nicht selbstverständlich – ursprüngliche sowjetische Vorschläge etwa hatten auf die Teilung Niederösterreichs und der Steiermark in je einem sowjetischen und britischen Teil abgezielt. 1945 bezog sich allerdings gerade die Sowjetunion auf die Ländergrenzen vor 1938: das Burgenland sollte wiederhergestellt, das in der NS-Zeit vergrößerte Wien auf die Grenzen vor

1938 zurückgeführt werden. Das oberösterreichische Mühlviertel allerdings wurde, anders als das von den USA besetzte übrige Oberösterreich, der sowjetischen Zone zugeschlagen. 1948 erwog man auf sowjetischer Seite sogar, das Mühlviertel von Oberösterreich zu trennen, und es bedurfte größter Bemühungen des Bundeskanzlers Leopold Figl, um die Sowjets davon abzubringen.

Mit der Rückkehr zur Länderstruktur vor dem Anschluß brachte das Jahr 1945 ein Wiederfinden von Verlorenem, dessen man beraubt worden war. Vorarlberg löste sich aus der erzwungenen administrativen Bindung an Tirol; Osttirol strebte zur Wiedervereinigung mit Nordtirol, die 1947 auch durchgeführt wurde, obgleich Osttirol zur britischen, Nordtirol zur französischen Zone gehörte.[2] Das Burgenland wurde wiederhergestellt. Das freudige Wiederfinden von Verlorenem, dessen man beraubt worden war, steht am Ursprung der positiven Identifizierung des Österreichers mit einem neuen Bewußtsein seiner selbst. Die große Länderkonferenz vom 24. bis 26. September 1945 im Niederösterreichischen Landhaus vereinte die Vertreter aller neun wiederhergestellten Bundesländer im gemeinsamen Bekenntnis zur wiedergefundenen Republik Österreich; die Länderkonferenz stellt, historisch gesehen, eine erneuerte und erweiterte Konstituierung der Zweiten Republik, jene vom 27. April 1945 bekräftigend, dar.

2. Die Verfassung. Im Jahre 1980 wurde nicht bloß das 25jährige Jubiläum des Staatsvertrages, sondern auch das 60jährige Jubiläum des Bundesverfassungsgesetzes festlich begangen. Der historisch interessanteste Aspekt des Verfassungsjubiläums ist jedoch darin zu sehen, daß die Zweite Republik im Jahre 1945 zu einer Verfassung zurückkehrte, die zwölf Jahre zuvor, 1933/34, verlassen, ja gebrochen worden war. Auch im Verfassungsleben der Zweiten Republik steht am Beginn die Rückkehr, das Wiederfinden von Verlorenem. Die entscheidende Weichenstellung erfolgte sehr frühzeitig – am Sonntag, dem 13. Mai 1945. An diesem Tage beschloß der Proviso-

---

[2] Manfried Rauchensteiner, Der Sonderfall. Die Besatzungszeit in Österreich 1945 bis 1955, Graz 1979, S. 257 f., 260.

rische Kabinettsrat das Verfassungs-Überleitungsgesetz (StGBl. 4/45), das das Bundesverfassungsgesetz 1920 in der Fassung von 1929 als die am 5. März 1933 (Selbstausschaltung des Nationalrates) bestehende verfassungsrechtliche Ordnung wieder in Geltung setzte. Diese Rückkehr zur letzten demokratischen Verfassungsordnung der Ersten Republik erfolgte gegen den Widerstand der Kommunistischen Partei, der allerdings vom Staatskanzler Renner souverän überwunden wurde. Die Kommunisten strebten einer sogenannten Volksdemokratie zu und erhofften sich eine Förderung ihrer Ziele durch die Ausarbeitung einer neuen Verfassung von einer erst zu wählenden konstituierenden Nationalversammlung. Die rasche Entscheidung für die Rückkehr zur Verfassung von 1920/1929 hatte weitreichende, den Verlauf der Geschichte der Zweiten Republik maßgeblich bestimmende Konsequenzen. E r s t e n s war die Rückkehr zur Verfassung von 1920 in der Fassung von 1929 ein Bekenntnis zum Kompromiß der beiden wichtigsten historischen Lager der österreichischen Innenpolitik – die Verfassungsnovelle von 1929 war der letzte große Kompromiß zwischen der christlichsozialen Partei und der Sozialdemokratie vor dem Ende der parlamentarischen Demokratie gewesen. Z w e i t e n s würde die Rückkehr zur seinerzeit im Kompromißwege beschlossenen Verfassung das „rasche und reibungslose Wiederzusammenwachsen der österreichischen Länder" (Schärf) erleichtern.[3] D r i t t e n s verhinderte die Rückkehr zur Verfassung von 1920/29 den Ausbruch von Verfassungskämpfen, aus welchen die Kommunistische Partei hätte Kapital schlagen können und die der Stabilisierung der pluralistischen Demokratie Abbruch getan hätten. Die Tatsache, daß die Zweite Republik knapp nach dem Zweiten Weltkrieg eine der stabilsten und am besten funktionierenden Demokratien Europas wurde, ist nicht zuletzt der Rückkehr zur Verfassung von 1920/1929 zu verdanken.

Die am 13. Mai 1945 grundsätzlich beschlossene, in dem auf den

---

[3] Vgl. Adolf Schärf, Österreichs Erneuerung, Wien [7]1960, S. 53 f. Schärf kommt eine wesentliche Rolle bei der Entscheidung zugunsten der Rückkehr zur Verfassung 1920/29 zu.

1. Mai 1945 rückdatierten Verfassungs-Überleitungsgesetz verankerte Rückkehr zur Verfassung von 1920/1929 war in Ermangelung bestehender parlamentarischer Körperschaften noch nicht durchzuführen und wurde zunächst durch die ebenfalls am 13. Mai beschlossene und auf den 1. Mai rückdatierte Provisorische Verfassung vorbereitet. Nach den freien Wahlen vom 25. November 1945 konnte mit dem Zusammentreten des Nationalrates am 19. Dezember 1945 das Bundesverfassungsgesetz in der Fassung von 1929 wieder in vollem Umfang in Wirksamkeit treten. In den Folgemonaten kam es allerdings zu Schwierigkeiten von seiten der Alliierten Kommission; aus verschiedenen Motiven wünschten insbesondere das britische und das sowjetische Element eine Zeitlang die Ausarbeitung einer neuen Verfassung, und im März 1946 wurde die Bundesregierung sogar von den Alliierten aufgefordert, eine neue Verfassung vorzulegen.

Dieses Verlangen führte zu einer eindrucksvollen Kundgebung im Nationalrat am 12. April 1946, wobei das Ansinnen des Alliierten Rates von den Vertretern der beiden großen Parteien (nicht den Kommunisten) entschieden zurückgewiesen wurde. Bundeskanzler Leopold Figl bekannte sich zur Verfassung von 1929 als geltende und definitive Verfassung Österreichs.[4] Obgleich von sowjetischer Seite noch 1951 die Geltung dieser Verfassung in Frage gestellt wurde, funktionierte die alliierte Kontrolle der österreichischen Gesetzgebung doch auf der Basis der Verfassung von 1920/1929.

Zwei Elemente der Verfassung, die die Zweite Republik aus der Ersten übernahm, sollen hier besonders genannt werden: erstens der Rechtsschutz im öffentlichen Recht, dem die Institution der Verfassungsgerichtsbarkeit und der Verwaltungsgerichtsbarkeit dienen, und zweitens der Schutz politischer Minderheiten. Hans Kelsen – an den zur Verfassung von 1920 führenden Arbeiten maßgeblich beteiligt – hat sowohl den mit der Verfassungsgerichtsbarkeit garan-

---

[4] Gerald Stourzh, Die Regierung Renner, die Anfänge der Regierung Figl und die Alliierte Kommission für Österreich September 1945 bis April 1946, in: Archiv für österreichische Geschichte Bd. 125 (1966), S. 339–342.

tierten Schutz der Grundrechte als auch das in der Bundesverfassung verankerte Prinzip der Verhältniswahl als Minoritätsschutz empfunden und interpretiert. In seiner Schrift „Vom Wesen und Wert der Demokratie" (1920, erweitert 1929) hat Kelsen das Vorhandensein und den Schutz starker Minoritäten befürwortet, denn je stärker die Minorität sei, desto mehr werde die Politik der Demokratie eine Politik des Kompromisses, und der Kompromiß zwischen Mehrheit und Minderheit kennzeichne die Demokratie! Dem ist hinzuzufügen, daß die seit 1920 in der Bundesverfassung enthaltene Möglichkeit, verschiedenste Materien der einfachen Mehrheit zu entziehen und als Verfassungsgesetz oder Verfassungsbestimmungen dem Beschluß einer qualifizierten Mehrheit von zwei Dritteln zuzuweisen, einen bedeutenden Schutz größerer Minderheiten darstellt. Obgleich oft kritisiert (Unübersichtlichkeit, zu häufige Anwendung), ist doch in diesem Verfahren ein Instrument der Konsensdemokratie oder der Demokratie als Politik des Kompromisses im Sinne Kelsens zu sehen.

3. Die Verwaltung. Die Zweite Republik zählt zweifellos zu jenen vom Krieg in Mitleidenschaft genommenen Staaten Europas, die besonders schnell eine funktionierende Staatsverwaltung in Gang setzen konnten. Zwei Faktoren haben bei diesem überraschenden Prozeß – angesichts großer Zerstörungen, materieller Not und vierfacher alliierter Besetzung – eine besondere Rolle gespielt. Erstens ist die Haltung der sowjetischen Besatzungsmacht zu nennen, in deren Einzugsbereich ja die Provisorische Staatsregierung gebildet wurde und zu arbeiten begann. Die sowjetische Besatzungsmacht verfolgte von Anbeginn die Praxis, schon die Anfänge von Verwaltung (und Gesetzgebung) möglichst weitgehend in die Hände der „einheimischen" Zivilverwaltung zu legen, während sich die Westmächte viel stärker auf direktes Eingreifen, Anordnungen und Kontrollen der Militärregierungen stützten. Zweifellos reflektierte die Haltung der sowjetischen Besatzungsmacht die Erwartung, daß Angehörige oder Sympathisanten der österreichischen Kommunistischen Partei wichtige Sektoren der Staatsverwaltung steuern oder beeinflussen würden. Die Übernahme der Ressorts des Inneren und

für Unterricht in der Provisorischen Staatsregierung kann als Hinweis für derartige Überlegungen dienen. Das Ergebnis der Wahlen vom 25. November 1945 schwächte allerdings den Einfluß der Kommunistischen Partei in der Regierung empfindlich, doch hatte die Provisorische Staatsregierung schon in den ersten Monaten ein gewaltiges Pensum an legislatorischer und administrativer Aufbauarbeit leisten können. Dies war allerdings auch einem zweiten Faktor zu verdanken: dem Vorhandensein einer beträchtlichen Zahl hervorragend qualifizierter höherer Beamter, die unbelastet von einer Mitarbeit am NS-Regime der Zweiten Republik sogleich zur Verfügung stehen konnten. Die höhere Verwaltung Österreichs war im Frühjahr 1938 weitreichenden Säuberungen unterworfen worden. Verhaftungen, Einlieferungen in Konzentrationslager, vor allem aber Zwangspensionierungen waren die Folge. Zum Unterschied also vom Deutschen Reich, in dem die Spitzen der Verwaltung ab 1933 ohne größere Säuberung gewissermaßen in das Dritte Reich „hineinwuchsen" – abgesehen von den durch die Rassendiskriminierung betroffenen Beamten –, entledigte sich das NS-Regime nach dem Anschluß rasch einer großen Anzahl österreichischer Beamter, auf die die Zweite Republik schon in den ersten Wochen und Monaten ihres Bestandes zurückgreifen konnte.

4. Die politischen Parteien. Die Unabhängigkeitserklärung der Zweiten Republik wurde von Männern proklamiert – Leopold Kunschak, Karl Renner und Adolf Schärf, Johann Koplenig –, die im Auftrag von politischen Parteien handelten, der Österreichischen Volkspartei, der Sozialistischen Partei Österreichs und der Kommunistischen Partei Österreichs. Im eigentlichen Sinne des Wortes läßt sich sagen, daß die Parteien vor dem Staat da waren. In seiner Denkschrift über die Geschichte der Unabhängigkeitserklärung Österreichs hat Karl Renner dieses Handeln der Parteibeauftragten erklärt und legitimiert. Renner hatte ursprünglich an die Einberufung der noch lebenden und greifbaren Mitglieder des letzten freigewählten österreichischen Parlaments gedacht. Dies erwies sich als zu langsam und umständlich. Doch Renner bedachte – mit Recht –, daß auch die Erste Republik eine parteienstaatliche Demokratie gewesen

war: „Die letzte demokratische Volksvertretung war beschickt worden von den Erwählten der Parteien, die Parteien hatten sie konstituiert, und so konnten die Parteien durch ihre Vorstände sich berufen erklären, als Schöpfer für das Geschöpf einzutreten und für die Volksvertretung zu handeln, um Österreich aus der bevorstehenden Katastrophe so heil als möglich herauszuführen..."[5]

In der Tat ist festzuhalten, daß auch die Erste Republik – von ihren ersten Stunden an – eine von politischen Parteien getragene Demokratie gewesen war. In den Ländern ebenso wie in Wien waren es Repräsentanten der Parteien, welchen die staatliche Autorität aus den Händen der kaiserlichen Minister oder Statthalter übertragen wurde. Das Verhältniswahlrecht, das seit 1919 in Österreich galt und, wie bereits erwähnt, auch in der Bundesverfassung verankert wurde, setzt das Vorhandensein wahlwerbender Gruppen voraus. Im Hinblick auf die Bedeutung, die politische Parteien bereits in der konstitutionellen Monarchie und zunehmend mit der Demokratisierung und Proportionalisierung des Wahlrechts spielten, mag es erstaunlich sein, daß erst 1975 vom österreichischen Parlament das Parteiengesetz beschlossen wurde, in dessen Verfassungsbestimmung „die Existenz und Vielfalt politischer Parteien" als „wesentliche Bestandteile der demokratischen Ordnung der Republik Österreich" bezeichnet wird.

Die parteienstaatliche Demokratie, die die Anfänge der Zweiten Republik prägte, war also keineswegs neu, und dem rückblickenden Historiker wollen die Kontinuitäten der Lager-Bildung – trotz des Einschnittes der NS-Zeit! – stärker scheinen als Brüche und Zäsuren. Neu waren allerdings Art und vor allem Dauer der gemeinsamen Regierungsverantwortung – nach dem Ausscheiden des letzten kommunistischen Regierungsmitgliedes im Herbst 1947 also die weitere neunzehn Jahre bis 1966 währende „große Koalition". Während der gesamten Besatzungszeit und elf Jahre darüber hinaus dominierten Parteienvereinbarungen und die diese Vereinbarungen aushandeln-

---

[5] Karl Renner, Denkschrift über die Geschichte der Unabhängigkeitserklärung Österreichs und die Einsetzung der Provisorischen Staatsregierung der Republik, Wien 1945, S. 22.

den Koalitionsausschüsse das politische und parlamentarische Leben. Auf (insbesondere personalpolitische) Auswüchse des „Proporzregimes" ist hier nicht einzugehen. Zum politischen System der ersten zwei Jahrzehnte der Zweiten Republik sind festzuhalten: erstens der Erfolg – und wohl die Notwendigkeit – des gemeinsamen Agierens gegenüber den Besatzungsmächten, die gleichzeitig Staatsvertragspartner waren und zu Neutralitätspartnern wurden! Zweitens der Erfolg in der praktischen Bewältigung der mit Blutvergießen und Bürgerkrieg überreich gesättigten Endphase der Ersten Republik von 1927 bis 1934. Methoden und Mechanismen friedlicher Konfliktlösung – nicht zuletzt mittels der Sozialpartnerschaft der großen Interessenvertretungen – wurden ab 1945 entwickelt, die auch dem Übergang zu Mehrheitsregierungen standhielten, wobei auf die vielfältige Fortdauer der Koalitions- und Proporzdemokratie in den meisten Bundesländern zu verweisen ist. Drittens muß der Historiker darauf aufmerksam machen, daß gegenwärtig eine eher harmonisierende, die großen Gegensätze auch der früheren Koalitionsjahre verharmlosende Auffassung der Koalitionsära vorzuherrschen scheint. Die Heftigkeit der Auseinandersetzungen war vielfach sehr stark, die Möglichkeiten der „Bereichsopposition" (Attacken auf die jeweils im Bereich des Koalitionspartners befindlichen Ressorts und Einflußsphären) wurden voll genützt.

Die Zweite Republik erreichte politisch, verfassungs- und verwaltungsmäßig sehr rasch ein erstaunlich hohes Maß an Festigkeit und Effizienz. Wie gezeigt wurde, gab es etliche Bauelemente der Ersten Republik, die, wiedergefunden, mit neuem Inhalt erfüllt wurden. An den Anfängen der Zweiten Republik stand nicht bloß „Neues", sondern manches „Alte", das jetzt erst richtig geschätzt wurde – einschließlich des Kleinstaatdaseins. „Wir wollen nimmermehr in ein großmächtiges Reich, in irgendein Imperium eingebaut werden, um über Nacht wieder herausgerissen zu werden. Wir wollen für uns bleiben und es allein in der Welt versuchen", rief Renner im April 1946 und verwies auf den Nachbarn im Westen, die Schweiz. Doch dazu war es noch zu früh. Noch dominierten im Verhältnis zu den vier Mächten, die das ganze Staatsgebiet der Republik besetzt hatten (ein Schicksal, das etwa Finnland erspart blieb!), materielle Probleme. Doch bereits frühzeitig, im August 1945, erwog man auf dem Ballhausplatz den Abschluß eines Staatsvertrages mit den Alliierten. Staatsvertrag, nicht Friedensvertrag, weil Österreich ja nicht Krieg geführt hatte. Der Begriff Staatsvertrag war den Österreichern schon seit 1919 geläufig, weil sogar der Vertrag von Saint Germain von Österreich nicht als Friedensvertrag, sondern als „Staatsvertrag" betrachtet worden war – die Republik hatte nämlich die Rechtsnachfolge nach der untergegangenen Doppelmonarchie abgelehnt.[6]

Die schnelle innenpolitische Konsolidierung der Zweiten Republik erleichterte die Bewältigung der neuen, miteinander eng verzahnten Probleme der Wirtschafts- und Außenpolitik, die sich ab 1945 stellten. Neben den Problemen der Versorgung und des Wiederaufbaus sind vor allem zwei Elemente der wirtschaftlichen Situation Österreichs zu nennen: erstens die großen Strukturveränderungen während der nationalsozialistischen Ära und zweitens der ebenfalls als Erbe dieser Ära entstandene Problemkomplex des Deutschen Eigentums. Die 1945 vorgefundenen Strukturveränderungen betrafen vor allem eine Verlagerung zugunsten der Grundstoff- und Investitionsgüterindustrie sowie der Erschließung von Energiequellen, zumal Wasserkraft und Erdöl. Hand in Hand gab es eine regionale Strukturverschiebung in Richtung Westen, vor allem in den oberösterreichischen Raum (Stahl- und Stickstoffproduktion in Linz, Zellwolle Lenzing, Aluminiumwerke Ranshofen); auch das Schwergewicht der Großplanungen für Wasserkraftwerke wie Kaprun, die nach 1945 von der Republik Österreich weitergeführt und fertiggestellt wurden, lag in den westlichen Bundesländern, mit Ausnahme von Ybbs-Persenbeug, das 1953 von der sowjetischen Besatzungsmacht an Österreich übergeben wurde. Die Ankurbelung der Produktivität und die Investitionsförderung, die vor allem ab 1948 im Rahmen des ERP-Programms in Gang kam, kam den westlichen Zonen Österreichs doch stärker zugute als der östlichen Zone und

---

[6] Gerald Stourzh, Geschichte des Staatsvertrages 1945–1955. Österreichs Weg zur Neutralität, 3. erweiterte Auflage Graz 1985, S. 11 und 319.

leitete die Entwicklung Österreichs zum modernen Industriestaat ein. Auf der anderen Seite führte der Potsdamer Beschluß der UdSSR, der USA und Großbritanniens vom Sommer 1945, deutsche Vermögenswerte im Ausland als deutsche Reparationen den Alliierten zu übergeben, zu schwersten Belastungen – zumal die Haltung der einzelnen Großmächte die Größe der Kriegsschäden reflektierte, die sie selbst während des Krieges erlitten hatten. So bildete sich 1947 in der östlichen Besatzungszone ein unter sowjetischer Verwaltung stehender Wirtschaftskomplex, der jeglicher österreichischer Ingerenz, auch der Besteuerung, entzogen war. Die Größe dieses Wirtschaftskomplexes mag daraus ersichtlich sein, daß er 1955 bei der Rückgabe an Österreich im Zuge des Staatsvertragsabschlusses rund 55.000 Beschäftigte zählte. Die Bedeutung der bis 1955 in sowjetischer Regie geführten Erdölförderung allein zeigt sich darin, daß von 1945 bis 1955 an die 18 Millionen Tonnen Rohöl gefördert wurden, wovon rund 11 Millionen ohne jeglichen Gewinn für Österreich ausgeführt wurden. Während der Besatzungszeit, im Mai 1949, wurde in Matzen das bislang größte Erdölfeld Mitteleuropas entdeckt, das ab 1951 rund die Hälfte der gesamten Erdölproduktion Österreichs erbrachte. Um so mehr fällt die in den Moskauer Verhandlungen vom April 1955 vereinbarte und im Rahmen des Staatsvertrages gegen Ablöselieferungen erfolgende Rückgabe des Erdölkomplexes (gegen 10 Millionen Tonnen Erdöl, sukzessive auf 6 Millionen reduziert), der DDSG (gegen 2 Millionen Dollar) und der bereits 1949 vereinbarten Rückgabe der Industrien (gegen 150 Millionen Dollar in Waren 1955–1961 geliefert) ins Gewicht. Hinzuzufügen ist, daß Österreich 1955 auch gegenüber westlichen Erdölinteressen Entschädigungs- und Rückstellungsverpflichtungen übernahm, die parallel zu den Staatsvertragsverhandlungen in den Memoranden vom 10. Mai 1955 verankert wurden und die Entstaatlichung fünf westlicher Erdölfirmen sowie Entschädigungszahlungen zur Folge hatten.[7]

---

[7] Vgl. Felix Butschek. Die österreichische Wirtschaft 1938 bis 1945, Stuttgart/Wien 1978, S. 100 f.; Alois Brusatti, Entwicklung der Wirtschaft und Wirtschaftspolitik, in: Österreich, Die Zweite Republik, hrsg.

Das Ringen um den Staatsvertrag betraf im wesentlichen drei Kernbereiche von Österreichs Existenz: erstens die territoriale Unversehrtheit, zweitens die wirtschaftliche Integrität und drittens die politische und militärische Unabhängigkeit.[8] Die territoriale Unversehrtheit wurde bekanntlich zunächst durch jugoslawische Ansprüche in Frage gestellt, die jedoch seit 1949 von keiner alliierten Macht mehr unterstützt und sehr bald darauf auch von jugoslawischer Seite aufgegeben wurden. Dafür kam es zum Verzicht auf österreichisches Vermögen in Jugoslawien sowie insbesondere 1949 zur Einschaltung des Minderheitenschutzartikels in den Staatsvertragsentwurf. Art. 5 des Staatsvertrages, wonach die Grenzen Österreichs jene vom 1. Jänner 1938 seien, und Art. 7 über die Rechte der slowenischen und kroatischen Minderheiten stehen in einem engen historischen Zusammenhang. Österreich mußte seinerseits die 1945 gehegten Hoffnungen auf die Rückkehr Südtirols schon 1946 aufgeben. Die Bedeutung der mit dem Staatsvertrag 1955 errungenen und wirtschaftlichen Integrität erhellt sich daraus, daß Österreich noch 1954 bereit gewesen wäre, zu wesentlich schlechteren Bedingungen abzuschließen – sie sind in den Absätzen 1 bis 5 des Art. 22 des Staatsvertrages nachzulesen, die durch Annex II des Staatsvertrages inoperativ geworden sind. Die Bereitschaft der Bundesregierung, in früheren Jahren, noch größere Opfer zu bringen, als sie 1955 erforderlich waren, ist nur mit dem zentralen, alles andere überragenden

---

von Erika Weinzierl und Kurt Skalnik, 2 Bde., Graz 1972, Bd. 1, S. 419 ff.; Alois Brusatti, 50 Jahre Erdöl in Österreich, Wien 1980. Zu den USIA-Betrieben und insbesondere zur sowjetischen Erdölförderung vgl. nunmehr: Die USIA-Betriebe in Niederösterreich. Geschichte, Organisation, Dokumentation (mit Beiträgen von Ernst Bezemek und Otto Klambauer). Studien und Forschungen aus dem Niederösterreichischen Institut für Landeskunde, hrsg. von Helmut Feigl und Andreas Kusternig, Bd. 5, Wien 1983, bes. S. 41 und 328. Zu einer Gesamtschätzung der Kosten des Staatsvertrags mit 7.750 Millionen Schilling vgl. Felix Butschek, Die österreichische Wirtschaft im 20. Jahrhundert, Wien – Stuttgart 1985, S. 128.
8) Hierzu ausführlich Gerald Stourzh, Geschichte des Staatsvertrages (wie Anm. 6).

Motiv der österreichischen Politik nach 1945 zu erklären: den Abzug einander zunehmend feindlich gegenüberstehender Mächte aus Ost und West zu erreichen. Dies gelang 1955 im Zusammenhang mit der Bereitschaft Österreichs, seine immerwährende Neutralität zu erklären.

Mit dem Willen zur Neutralität kehrte die österreichische Außenpolitik, wie Bundeskanzler Julius Raab im Mai 1955 sagte, erstmals seit 1918 wieder zu einer eigenen Konzeption zurück.[9] Eine von schwersten Erschütterungen durchzogene Epoche des Übergangs von 1918 bis 1955, vom Zusammenbruch des alten Österreich bis zur Konsolidierung eines stabilen und neutralen, von einem neuen Selbstbewußtsein, ja Nationalgefühl durchpulsten neuen Österreich ging damit ihrem Ende zu. Solange die Zweite Republik unter der souveränitätsbeschränkenden Kontrolle eines Alliierten Rates stand, solange Besatzungstruppen im Lande stationiert waren, solange der Geltungsbereich der österreichischen Rechtsordnung beschränkt war – so lange mußte die Unabhängigkeitserklärung von 1945 zumindest teilweise bloße Absichtserklärung bleiben. Erst mit dem Staatsvertrag konnte die Zweite Republik Österreich voll in die Gemeinschaft souveräner Staaten eintreten, in der ihr seither ein eigenständiger und anerkannter Platz zukommt.

---

[9] Raabs Erklärung zur Frage der österreichischen Neutralität vom 7. Mai 1955 in: Eva-Marie Csáky, Der Weg zur Freiheit und Neutralität. Dokumentation zur österreichischen Außenpolitik 1945–1955, Wien 1980, Dok. Nr. 167.

IV
Wandlung des Österreichbewußtseins im 20. Jahrhundert und das Modell der Schweiz

1

Zu Beginn dieses Jahrhunderts war Österreich eine Monarchie, die Schweiz eine Republik. Die Habsburgermonarchie war ein großräumiges Reich, und auch wenn wir von den Ländern der ungarischen Krone absehen, reichte das cisleithanische Österreich von Bregenz über Krakau bis Czernowitz, von Ragusa/Dubrovnik über Triest bis Aussig oder Troppau. Die Schweiz war auch damals der mitteleuropäische Kleinstaat mit genau jenen Grenzen, die uns in der Gegenwart vertraut sind.

Die österreichisch-ungarische Monarchie war zu Beginn des Jahrhunderts Bündnispartner des Deutschen Reiches und des Königreichs Italien – die Schweiz auch damals das klassische neutrale Land Europas.

Historiker haben das Habsburgerreich als „monarchische Union von Ständestaaten" bezeichnet[1] – die Eidgenossen bildeten, vom Zusammenschluß der Waldstätte angefangen, eine Einung ganz anderer Art, genossenschaftlich-republikanisch mit demokratischen wie patrizisch-aristokratischen Komponenten.

Staatsrechtler bezeichneten das alte Österreich als „dezentralisierten Einheitsstaat" (obgleich zu dieser Formel manche Fragezeichen anzumelden sind).[2] Dem stand die föderalistische Struktur der Confoederatio helvetica im Gewand ihrer damaligen – wie heutigen – Verfassung, jener von 1874, gegenüber.

Republikanisch, kleinstaatlich, neutral – all das war Österreich zu

---

[1] Otto Brunner, Das Haus Österreich und die Donaumonarchie, in: Festgabe für Harold Steinacker, München 1955, S. 122 ff.
[2] Gerald Stourzh, Die Gleichberechtigung der Nationalitäten in der Verfassung und Verwaltung Österreichs 1848–1918, Wien 1985, S. 242.

Beginn des 20. Jahrhunderts nicht; föderalistisch war es in Ansätzen. Republikanisch, kleinstaatlich, neutral, föderalistisch – all das ist Österreich im Laufe dieses Jahrhunderts geworden. Die Wandlungen und Krisen, denen der Begriff Österreich und das Bewußtsein der Österreicher in unserem Jahrhundert, zumal seiner ersten Hälfte, unterworfen waren, haben immer wieder zu Vergleichen mit der Schweiz Anlaß gegeben, Vergleichen, die manchmal die Kontraste, manchmal die Affinitäten in den Vordergrund gestellt haben. Es ist reizvoll und lohnend, dem sich so stark wandelnden österreichischen Selbstverständnis gerade dort nachzugehen, wo es sich im Vergleich zur Schweiz artikuliert hat.

Die Schweiz hat schon Reformpolitikern im alten Österreich zu Vergleichszwecken als Modell gedient, denn die Schweiz und Altösterreich hatten eines gemeinsam: Sie waren beide Staaten mit mehrsprachiger, multiethnischer Bevölkerung. 1869 veröffentlichte der Wiener liberale Politiker und Arzt Adolph Fischhof (1816–1893), ein Veteran der Revolution von 1848, sein Buch über „Österreich und die Bürgschaften seines Bestandes". Die Schweiz, so schrieb Fischhof, sei „ein republikanisches Österreich en miniature, wie Österreich eine monarchische Schweiz im Großen" sci.[3] Dieser Vergleich sei weder willkürlich noch neu, sagte Fischhof, und er verwies darauf, daß schon 1848 das weitverbreitete Rotteck-Welckersche Staatslexikon geschrieben hatte: „Österreich ist ein monarchischer Bundesstaat im großen Maßstabe, wie im kleinen die gleichfalls mehrere Nationalitäten vereinigende Schweiz ein republikanischer ist."[4]

In einer Epoche, in welcher der nationale Einheitsstaat zum angestrebten Ideal gerade der liberalen und demokratischen Strömungen des Kontinents wurde, wurden zwei Kennzeichen identifiziert, welche der Schweiz und dem alten Österreich, bei aller Verschiedenheit der Staatsform und der territorialen Ausdehnung, gemeinsam waren: die ethnisch-sprachliche Vielfalt, und die territorial-staatliche Zu-

---

[3] Adolph Fischhof, Österreich und die Bürgschaften seines Bestandes, Wien 1869, S. 89.
[4] Ebenda S. 89 f. Anmerkung.

sammengesetztheit – sei es aus Kantonen, sei es aus „Königreichen und Ländern". Fischhof kennzeichnete diesen letztgenannten Sachverhalt mit einem Begriff, der in der staatsrechtlich-politischen Diskussion in Österreich eine große Rolle spielte: Gleich den österreichischen Kronländern seien die Kantone der Schweiz „historisch-politische Individualitäten", mit einer „scharf ausgeprägten Physiognomie und lebhaft pulsierendem Eigenleben".[5] Fischhof hat in seiner Schrift fast eine Art vergleichender Regierungs- und Verwaltungslehre Österreichs und der Schweiz vorgelegt: „Für den österreichischen Politiker gibt es wohl kaum einen Lehrkursus von praktischerem Werte, als eine Wanderung durch die Schweiz. Jeder Schritt auf diesem Boden bereichert sein Wissen, erweitert seinen Gesichtskreis. Was er in der Heimat vergeblich suchte, tritt ihm hier in Fülle entgegen: Provinzielles Sonderbewußtsein und patriotischer Gemeinsinn, ein Völkergemenge ohne Fehde, zahlreiche Gebiete und kein Trennungsgelüste" – hier war Fischhof, wie wir jetzt im Rückblick auf die Lösung des Jura-Konflikts sagen können, zu optimistisch – „viele Gewalten und kein Konflikt".[6]

Fischhof bekämpfte die zentralistischen Tendenzen innerhalb des altösterreichischen Regierungssystems und auch innerhalb der liberalen Gruppierungen. Autonomie, Dezentralisation waren die Phänomene, die es ihm in der Schweiz angetan hatten. „Der Kernpunkt dessen, was den österreichischen Politiker in der Schweiz so anzieht", schrieb Fischhof, „ist die Tatsache, daß diesem Land in Folge seines Selfgovernments nationale Reibungen und Sprachkonflikte völlig unbekannte Dinge sind." In großem Detail breitete Fischhof vor seinen österreichischen Lesern die Grundzüge der schweizerischen Bundesverfassung aus.[7]

Fischhofs Buch vom Jahre 1869 mit seiner Orientierung an einem vielleicht zu unkritisch gesehenen Modell der Schweiz hat indirekt weit ins 20. Jahrhundert gewirkt. Karl Renner hat die Autonomie-Idee Fischhofs weiterentwickelt. Mehrfach hat Karl Renner noch vor

---
5) Ebenda S. 91.
6) Ebenda S. 99.
7) Ebenda S. 92–99.

dem Zusammenbruch der Habsburgermonarchie gefordert, dieses Reich möge „eine demokratische Schweiz im großen mit monarchischer Spitze" werden.[8] Renner hat Worte großen Lobes über Fischhof gesprochen.[9] Wenn, wie sich zeigen wird, Karl Renner jener österreichische Staatsmann des 20. Jahrhunderts ist, der vielleicht deutlicher als jeder andere zu verschiedenen Zeiten immer wieder auf das Beispiel der Schweiz verwiesen hat – besonders auch in der Zeit seiner Bundespräsidentschaft nach dem Zweiten Weltkrieg – so soll darauf aufmerksam gemacht werden, daß es Fischhof war, der den reforminteressierten österreichischen politischen Denkern der Jahrhundertwende das politische System der Schweiz nahegebracht hat. Mehrfach begegnet man in der Zeit vor dem Ersten Weltkrieg dem Wunsch, Österreich solle sich in eine monarchische Schweiz verwandeln.[10]

Das gleichberechtigte Zusammenleben mehrerer Nationalitäten gelang dort am besten, wo sich ein Gleichgewichtszustand herausgebildet hatte, der Majorisierung oder gar Unterdrückung nicht zu-

---

[8] Karl Renner (unter dem Pseudonym Rudolf Springer), Grundlagen und Entwicklungsziele der Österreichisch-Ungarischen Monarchie, Wien und Leipzig 1906, 248, unter Hinweis auf eine Äußerung von Ferdinand Kürnberger, in dessen Essay, „Ein schlafender Österreicher" (1867), erst später gedruckt in Kürnbergers Sammlung „Siegelringe". Vgl. Ferdinand Kürnberger, Gesammelte Werke hg. v. O. E. Deutsch, Bd. 1, Siegelringe, neue verm. Aufl. München und Leipzig 1910, S. 52. In einer Rede Renners vor der Delegation des Reichsrates am 9. November 1910 meinte er, wenn die Völker Österreichs „so sich selbst überlassen wären, wie sie es in der Schweiz sind, so hätten sie den Frieden längst gefunden". Renners Rede wiedergegeben als Anhang IV von Stefan Verosta, Theorie und Realität von Bündnissen. Heinrich Lammasch, Karl Renner und der Zweibund, Wien 1971, S. 594 ff.

[9] Von allen „österreichischen Politikern deutscher Nationalität" habe nur einer, Fischhof, „die Lebensbedingungen der österreichischen Deutschen und des Reiches erkannt". Karl Renner (unter dem Pseudonym Rudolf Springer), Der Kampf der österreichischen Nationen um den Staat, 1. Teil, Wien 1902, S. 150; sowie: Ders., Das Selbstbestimmungsrecht der Nationen, Wien 1918, S. 232.

[10] Hinweise bei Verosta (zit. Anm. 8) S. 283.

ließ. Im Jahre 1875 fand der österreichische Schriftsteller Karl Emil Franzos, nur ein Kronland der Monarchie sei mit der Schweiz vergleichbar – die Bukowina, ein Land, in dem Rumänen, Ruthenen (Ukrainer), Juden, Deutsche und Polen miteinander lebten.[11]

Das Freiheitspathos der Schweiz, dem gebildeten Deutschtum des 19. Jahrhunderts durch Schillers Wilhelm Tell millionenfach vertraut, hat in Altösterreich eine erstaunliche Adeptin gefunden: Kaiserin Elisabeth. Erst vor kurzem hat Brigitte Hamann den literarischen Nachlaß der Kaiserin veröffentlicht. Diesen Nachlaß – Gedichte ganz überwiegend in Heinescher Manier – hat Elisabeth in einer Verfügung aus dem Jahre 1890 nach Ablauf einer Frist von 60 Jahren (also 1950) der Obhut des schweizerischen Bundespräsidenten übertragen, zur Veröffentlichung und zur widmungsgemäßen Verwendung der Erträge „für hilflose Kinder von politisch Verurteilten der österreichisch-ungarischen Monarchie".[12]

Ein weiterer Aspekt der schweizerischen Politik beschäftigte in den letzten Jahren der Donaumonarchie manche Kritiker der altösterreichischen Außenpolitik im In- und Ausland. Der serbische Finanzminister Protic meinte 1909, Serbien und die Monarchie könnten sich gut vertragen, wenn die Monarchie sich entschlösse, die Rolle einer östlichen Schweiz zu übernehmen.[13] 1912 beantragte eine Gruppe tschechischer sozialdemokratischer Abgeordneter im österreichischen Reichsrat zu Wien, es möge die österreichisch-ungarische Monarchie zu einem dauernd neutralen Stand erklärt werden. In der Begründung erklärten sie: „Seitwärts der europäischen Komplikationen stehend, könnte sich die Monarchie (wie die Schweiz) der ruhigen Kultur- und wirtschaftlichen Arbeit und der erwünschten Regelung ihrer unheilvollen nationalen Verhältnisse widmen, um den Staat auf unzerstörbare Fundamente des Wohlstan-

---

11) Karl Emil Franzos, Ein Culturfest. In: Ders., Aus Halb-Asien. Culturbilder aus Galizien, der Bukowina, Südrußland und Rumänien, Bd. 1, Leipzig 1876, S. 185 f.
12) Brigitte Hamann, Elisabeth. Kaiserin wider Willen, Wien und München 1982, S. 448.
13) Verosta, (zit. Anm. 8) S. 293.

des und des Vertrauens aller seiner Nationen zu stellen."[14] Als Standardelemente im Modellverständnis der Schweiz erscheinen damals wie später Stabilität, Konstanz, Wohlstand, Vertrauenswürdigkeit – Elemente, an denen es der österreichischen Geschichte in der ersten Hälfte unseres Jahrunderts immer wieder gebrach.

2

Mit dem Zusammenbruch Altösterreichs setzt jene tiefe Krise des österreichischen Selbstverständnisses ein, eine radikale Identitätskrise, die den Schweizern in diesem Jahrhundert erspart geblieben ist. Die Identitätskrise ging bis zum Verlust des eigenen Namens. Die österreichische Geschichtswissenschaft der letzten Jahrzehnte, eher bereit, Kontinuitäten als Diskontinuitäten aufzuzeigen oder zu betonen, hat diese Brüche eher unterbelichtet. Viele Namensvorschläge für die junge Republik betonten den deutschen Charakter des nach dem Zusammenbruch Österreich-Ungarns verbleibenden Rest-Österreich,[15] von Renners ursprünglichem Plan einer Republik „Südostdeutschland" bis zu einem im Auftrag des Tiroler Landtags ausgearbeiteten Verfassungsentwurf für eine „Republik der deutschen Alpenlande".[16] Nur ein Namensvorschlag stach davon ganz ab: Heinrich Lammasch, der letzte Ministerpräsident des kaiserlichen Österreichs, befürwortete eine „Norische Republik" komplementär zur „Helvetischen Republik" der Eidgenossen![17]

---

14) Antrag vom 20. Juni 1912, Nr. 1509 der Beilagen zu den Stenographischen Protokollen des Abgeordnetenhauses des Reichsrates, 21. Session, 1912.
15) Vgl. in diesem Band S. 31–32.
16) Zu diesem in seiner endgültigen Fassung bereits den aufgrund des Vertrages von Saint-Germain angenommenen Staatsnamen „Republik Österreich" enthaltenden Entwurf, der sich in Teilen besonders stark an die schweizerische Bundesverfassung anschloß, siehe Georg Schmitz, Die Vorentwürfe Hans Kelsens für die österreichische Bundesverfassung (= Schriftenreihe des Hans Kelsen-Instituts Bd. 6), Wien 1981, S. 61–63.
17) Hierzu Gerald Stourzh, Geschichte des Staatsvertrages 1945–1955. Österreichs Weg zur Neutralität. Graz – Wien – Köln ³1985, S. 94 sowie S. 192 Anm. 6.

Es kann hier nicht näher auf Motivation und Intensität der Anschlußbewegung an Deutschland eingegangen werden. Doch sollten die Österreicher der achtziger Jahre, mit einem stabilisierten und gereiften Identitätsbewußtsein, ja Nationalbewußtsein ausgestattet, nicht die Augen davor verschließen, daß etwa ein Hans Kelsen, Mitschöpfer der österreichischen Bundesverfassung, 1926 schrieb, es sei ein „sittlich unerträglicher Zustand, daß sechseinhalb Millionen Menschen zu einem Gemeinwesen zusammengezogen werden, das jeden inneren Sinnes, jeder politischen Idee entbehrt".[18] Hans Kelsens Ansicht glich in der Tat jener des sozialdemokratischen Politikers Otto Bauer, der 1923 schrieb, Deutschösterreich sei kein organisch gewachsenes Gebilde, es sei nichts als der „Rest, der vom alten Reich übriggeblieben ist", nichts als ein „loses Bündel auseinanderstrebender Länder".[19] Auch andere desintegrative Tendenzen machten sich nach dem Zusammenbruch der Habsburgermonarchie bemerkbar, das Krisengefühl des „sauve qui peut" demonstrierend – etwa der zeitweilige verzweifelte Versuch des Landes Tirol, den Verbleib Südtirols durch Proklamierung einer unabhängigen neutralen Republik Tirol zu retten oder die viel bekanntere Anschlußbewegung Vorarlbergs an die Schweiz.[20]

Die Frage nach der Relevanz des Modells der Schweiz in den Jahren ab 1919, in der Zwischenkriegszeit also, soll für drei Bereiche skizziert werden:

Erstens im Bereich von Verfassung und Föderalismus,

---

[18] Zit. bei Gerald Stourzh, Hans Kelsen, die österreichische Bundesverfassung und die rechtsstaatliche Demokratie, in: Die Reine Rechtslehre in wissenschaftlicher Diskussion (Schriftenreihe des Hans-Kelsen-Instituts 7) Wien 1982, S. 14; vgl. auch in diesem Band S. 33.
[19] Otto Bauer, Die österreichische Revolution (1923), Neuaufl. Wien 1965, S. 127.
[20] Zu Tirol siehe Rudolf Granichstädten-Czerva, Tirol und die Revolution, Innsbruck 1920. Zu Vorarlberg vgl. jetzt: Daniel Witzig, Die Vorarlberger Frage. Die Vorarlberger Anschlußbewegung an die Schweiz, territorialer Verzicht und territoriale Ansprüche vor dem Hintergrund der Neugestaltung Europas 1918–1922 (Basler Beiträge zur Geschichtswissenschaft, Bd. 132), Basel 1974.

zweitens in der Frage der immerwährenden Neutralität und drittens in der Frage der Kleinstaatlichkeit.

Zum *ersten* Punkt: In den Anfängen der Verfassungsdiskussion der Republik diente die schweizerische Verfassung den Verfechtern der Länderinteressen gegenüber Wiener (und sozialdemokratischen) Zentralisierungstendenzen als Vorbild und Argument. Eine interessante, noch wenig bekannte Verfassungsdiskussion in der dritten Länderkonferenz in Wien vom 31. Jänner 1919 zeigt die Funktion des schweizerischen Modells in hellem Licht.

Damals vertrat Staatskanzler Renner die Ansicht, daß die Anschlußfrage die Verfassungsfrage dominiere und konditioniere: „Wenn wir ganz allein bleiben", sagte Renner, „dann glaube ich, daß doch das Muster der Schweiz für uns das Beste sein dürfte. Aber nur in dem Falle, als wir ganz allein bleiben! Wenn wir jedoch, was wir alle hoffen und anstreben, Anschluß an Deutschland finden, so hängt unsere künftige Verfassung davon ab, wie das Deutsche Reich sich ordnen wird." Renner (wie übrigens auch etwa gleichzeitig Hans Kelsen[21]) ging davon aus, daß bei einem Anschluß an das Deutsche Reich Österreich zu einem Gliedstaat Deutschlands würde, und dann, so Renner, wäre es beinahe undurchführbar, „daß dieser Gliedstaat in sich selbst wieder ein Bundesstaat wird, dann können wir das Schweizer Muster kaum wählen", weil dann eine dreigleisige Verwaltung zustande käme. In diesem Fall wäre bei einer föderativen Ordnung „die öffentliche Gewalt so zerfetzt und zerklüftet, daß man überhaupt nicht verwalten könnte. Was also, wenn wir allein sind, möglich und wünschenswert wäre, wäre im Falle eines Anschlusses an Deutschland oder an eine Donauföderation überaus schwierig."[22]

---

[21] Hierzu und zum folgenden Stourzh, Hans Kelsen (zit. Anm. 18) S. 13 ff. Diese Arbeit ist wiederveröffentlicht in: Gerald Stourzh, Wege zur Grundrechtsdemokratie (Bd. 29 der Studien zu Politik und Verwaltung, hrsg. v. Christian Brünner, Wolfgang Mantl und Manfried Welan), Wien 1989, S. 309–334, bes. S. 315–317.

[22] Das Protokoll der 3. Länderkonferenz erliegt in den Akten der Staatskanzlei im Österreichischen Staatsarchiv (Archiv der Republik), Wien. Zehn Jahre später hat Renner im Nationalrat, vielleicht in einer etwas zu

Ansonsten pries Renner die Vorzüge der preußischen Verwaltungsrechtspflege und, von Josef Redlich beeinflußt, des englischen self-government. Manche Ländervertreter witterten hinter den Äußerungen des Staatskanzlers den alten Wiener Zentralismus nicht mehr im kaiserlichen, sondern nunmehr im republikanischen und sozialdemokratischen Gewande. In blendender Rhetorik erwiderte der Vorarlberger Otto Ender, Renner komme ihm vor wie ein imperator redivivus. Wenn er in der nächsten Landesversammlung Renners Referat wiedergebe, nütze er der Anschlußbewegung an die Schweiz und leiste mehr als der beste Wanderprediger in 25 Versammlungen! Nicht bloß Ender, auch weitere Teilnehmer aus Vorarlberg und aus Tirol nannten das „Muster der Schweiz", insbesondere Art. 3 der schweizerischen Verfassung (Souveränität der Kantone).

Die schweizerische Bundesverfassung war also 1919 eine Waffe in der Hand der Länder und der in diesen dominierenden christlichsozialen Partei gegen „Wien". Zwei Verfassungsentwürfe von 1919 enthalten wesentliche und bewußte Anleihen bei der schweizerischen Verfassung: der christlichsoziale Verfassungsentwurf vom Mai 1919, an dem der Vorarlberger Josef Sigmund als christlicher Clubsekretär maßgeblich beteiligt war, sowie ein Tiroler Verfassungsentwurf vom Herbst 1919.[23]

---

einseitigen Erinnerung, gesagt: „Als wir noch im November 1918 eine provisorische Verfassung zu entwerfen hatten, da schwebte uns allen das Vorbild der Schweiz vor. Wir sind ja, hohes Haus, geographisch dasselbe wie die Schweiz, unsere Länder sind dasselbe wie die Schweizer Kantone, in jeder Hinsicht, wir sind allerdings etwas größer als die Schweiz, aber die Struktur der Länder und ihre historische Gruppierung ist dieselbe." Rede Renners vom 22. Oktober 1929, abgedruckt in: Klaus Berchtold, Die Verfassungsreform von 1929. Dokumente und Materialien zur Bundes-Verfassungsgesetz-Novelle von 1929, Wien 1979, Teil II, S. 13 f.

[23] Der christlichsoziale Entwurf ist abgedruckt bei Felix Ermacora, Quellen zum österreichischen Verfassungsrecht (1920), in: Mitteilungen des Österr. Staatsarchivs, Erg.-Bd. VIII. Wien 1967, S. 29–42. Zum Tiroler Entwurf, der sich insbesondere hinsichtlich der Bundesvollziehung stark an das schweizerische Modell anlehnte, siehe den Hinweis in Anm. 16.

Wenngleich schließlich das österreichische Bundes-Verfassungsgesetz von 1920 wesentlich zentralistischer gestaltet war, als dies den ursprünglichen Wünschen aus manchen Ländern oder gar dem schweizerischen Modell entsprach, hat doch die republikanische Verfassungsstruktur gegenüber der Monarchie eine Stärkung und Verlebendigung des politischen Lebens der Länder gebracht und damit zu einer Stärkung der föderalistischen Komponente des Österreichbewußtseins der Gegenwart geführt: erstens durch die Demokratisierung des Landtagswahlrechts und zweitens durch das, was man damals als Verländerung der staatlichen Verwaltung bezeichnete – die Übertragung der Durchführung der gesamtstaatlichen Verwaltung in den Ländern in die Hände der Länderverwaltungen; diese Entwicklung setzte schon 1918/19 mit der Ersetzung des kaiserlichen Statthalters durch die gewählten Landeshauptleute ein und erreichte 1925 in der institutionellen Verbindung von „mittelbarer Bundesverwaltung" und Landesverwaltung ihren Höhepunkt. Viel politische Klugheit sprach aus einer Bemerkung des Salzburger Landeshauptmann-Stellvertreters Franz Rehrl anläßlich von Verfassungsverhandlungen mit dem Verfassungsminister der Staatsregierung Michael Mayr in Salzburg Ende 1919, daß von den Ländern dem Bund hinsichtlich des Gesetzgebungsrechtes „wesentliche Konzessionen" gemacht werden könnten, dafür aber die Verwaltung im weitesten Umfang den Ländern eingeräumt werden müsse![24] Hier ist an die eminente Bedeutung der politischen Ämterpatronage zu denken, deren Schwerpunkt eben mit der „Verländerung" der Verwaltung auf die Landeshauptleute bzw. die in den einzelnen Bundesländern jeweils tonangebende Partei überging – unbeschadet der von juristischer Seite vielleicht zu ausschließlich in den Mittelpunkt gestellten Kompetenzaufteilung zwischen Bund und Ländern. Die mittelbare Bundesverwaltung, also die Durchführung der bundesstaatlichen Verwaltung durch Organe der Länder unter Verantwortung eines gewählten Landespolitikers, und nicht eines von der

---

[24] Hinweis aufgrund der im Allgemeinen Verwaltungsarchiv Wien erliegenden Quellen ebenda, S. 67.

Zentralregierung ernannten Präfekten, Gouverneurs oder Statthalters, ist eine der tragenden Säulen eines lebendigen österreichischen Förderalismus und ein Phänomen, das auch aus schweizerischer Sicht Beachtung verdient.

In der föderalistischen Verfassungsstruktur der Republik sah übrigens niemand geringerer als der christlichsoziale Staatsmann und langjährige Bundeskanzler Ignaz Seipel ein wichtiges, ihm damals willkommenes Hindernis für einen Anschluß an Deutschland. Wie Renner oder Kelsen, so hat auch Seipel das fundamentale Dilemma von Anschlußfrage und Föderalismus gesehen: Der Bundesstaat, der sich dem größeren Bundesstaat der Weimarer Republik anschließen wollte, würde schließlich entweder die Identität seiner Länder – oder die Identität des Staates opfern müssen.

Diese Einsicht führte Seipel 1929 dazu, in einem großen Vortrag in München über den österreichischen Föderalismus zu schreiben, daß Österreich gerade durch seinen Föderalismus „für immer zu einem selbständigen Sein nach Art der Schweiz, seinem einzigen und tatsächlichen Vorbild, bestimmt zu sein" scheine.[25] Aus Bern berichtete hierauf der österreichische Gesandte Max Hoffinger, Seipels Hinweis auf die Schweiz sei dort sehr beifällig aufgenommen worden.[26] Es gehört zu den Unwägbarkeiten einer Politikerpersönlichkeit wie Seipel, daß dieser Passus zwar in der der Presse übergebenen Fassung enthalten war – daher das freundliche Echo aus Bern –, daß Seipel ihn aber beim mündlichen Vortrag in München ausließ.[27] In sein später erschienenes Buch „Der Kampf um die österreichische Verfassung" hat Seipel den Hinweis auf das Vorbild der Schweiz jedenfalls wieder aufgenommen.[28]

---

25) Hier zit. aus dem Band: Ignaz Seipel, Der Kampf um die österreichische Verfassung, Wien – Leipzig 1930, S. 158.
26) Zit. bei Stourzh, Geschichte des Staatsvertrages (zit. Anm. 17) S. 94.
27) Klemens von Klemperer, Ignaz Seipel, Christian Statesman in a Time of Crisis, Princeton 1972, S. 344 Anm. 158.
28) Vgl. oben Anm. 25. Zur Frage des Schweizer Vorbildes in den Anfängen der Ersten Republik vgl. Adolf Merkl, Österreichs Verfassung und ihr Schweizer Vorbild, in: Schweizerische Juristenzeitung (1919/20), S. 206 ff. Ich verdanke diesen Hinweis Manfried Welan.

Wie stand es um den *zweiten* vorhin genannten Punkt – die Neutralität der Schweiz als Vorbild für die erste Republik?

Jener Österreicher, der nach 1918 dieses Vorbild am unermüdlichsten verfocht, war der bereits genannte Heinrich Lammasch, bedeutender Gelehrter des Straf- und Völkerrechts und letzter k. k. Ministerpräsident. Von der Schweiz aus ließ Lammasch den alliierten Regierungen diesbezügliche Memoranden zukommen. Eine Zeitlang, Februar/März 1919, propagierte auch der Quai d'Orsay höchst aktiv die Idee der ständigen Neutralität Österreichs, und der neu nach Wien entsandte französische Sondergesandte, Henry Allizé, setzte sich in Wien intensiv für die Neutralität Österreichs „sur le modèle de la Suisse" ein. Allerdings ließ die französische Außenpolitik nach kurzer Zeit das Konzept der ständigen Neutralität Österreichs nach Schweizer Muster wieder fallen. Der Béla-Kun-Putsch in Ungarn aktualisierte die Möglichkeit alliierter Durchmarschrechte durch Österreich, dazu trat wohl auch das Bedenken, die Völkerbundidee der kollektiven Sicherheit durch zu viele Ausnahmen zu beeinträchtigen. Frankreich ersetzte die Idee der Neutralität durch die Formel von der „Unveräußerlichkeit" – inaliénabilité – der Unabhängigkeit, die in den Verträgen von Versailles, Saint Germain und übrigens auch Trianon aufscheint.[29]

Heinrich Lammasch setzte allerdings seine Bemühungen, aus Österreich eine zweite Schweiz zu machen, fort. In der Basler „Nationalzeitung" veröffentlichte Lammasch mehrere Aufsätze, darunter im Mai 1919 einen großen Artikel „Die norische Republik" – sie sollte, wie bereits erwähnt, ein Gegenstück zur helvetischen Republik bilden. „Seiner Stellung in Europa zufolge", so schrieb er in dem Basler Blatt, „wäre dieser Staat gewissermaßen eine Fortsetzung der Schweiz". Ende Juli 1919 appellierte Lammasch neuerlich in den Seiten der Basler Nationalzeitung an Frankreich: Wäre es nicht zu seinem Vorteil, eine Verbindung „über neutrales Gebiet von Genf bis an die Westgrenze Ungarns durch eine neutrale ostalpine

---

[29] Hierzu vgl. Stourzh, Geschichte des Staatsvertrages (zit. Anm. 17) S. 95, mit weiteren Hinweisen.

Republik zu erhalten, die in gewissem Sinne die Fortsetzung der Schweiz darstellte?"[30)]

Lammasch, der schon 1920 verstarb, blieb zunächst ein Einzelgänger. Nicht er, sondern zwei andere Persönlichkeiten – und damit wird auch der dritte vorhin genannte Punkt, die Frage der Kleinstaatlichkeit, angesprochen – drückten der ersten österreichischen Republik ihren Stempel auf: Otto Bauer und Ignaz Seipel. Bauer wandte sich gegen ein „Leben der Kleinheit und Kleinlichkeit, ein Leben, in dem nichts Großes gedeihen kann, am allerwenigsten das Größte, was wir kennen, der Sozialismus" (1919).[31)] Seipel, der Unauslotbare, beklagte 1928 das „harte Kleinstaatsdasein", das zu leben die Österreicher eine Zeit lang verurteilt seien. Nur ein halbes Jahr, bevor Seipel – wie bereits berichtet – die Schweiz als Vorbild für das föderalistische Österreich pries, brach in einem privaten Schreiben jene Reichsromantik durch, die in der österreichischen Zwischenkriegszeit eine sehr große Rolle gespielt hat. Seipel schloß 1928 weder eine Erneuerung der „historischen Aufgabe" der Österreicher aus (in Erinnerung an die Donaumonarchie), noch vielleicht doch später einmal den Anschluß. Einen dritten Weg schloß Seipel allerdings als Irrweg aus:

„Der scheinbar mögliche dritte Weg, daß nämlich die Österreicher sich bewußt darauf einstellen, eine Art Belgien oder Schweiz zu sein und dazu ein eigenes ‚Nationalbewußtsein' künstlich zu erzeugen, ist meines Erachtens ein Irrweg. Dies ist keine gute deutsche und keine österreichische Konzeption, sondern eine weltfremde französische oder tschechische Vorstellung. Das heutige Österreich hat niemals für sich allein gelebt – die Österreicher sind ihrer ganzen Geschichte nach Großstaatmenschen ... Unser eigenes Gärtchen zu bebauen und gegen Entrée den Fremden zu zeigen, ist keine Aufgabe für die Bewohner der karolingischen Ostmark und die Erben der Türkenbesieger."[32)]

Diese Reichsromantik ist der Schlüssel zum Verständnis des Österreichbewußtseins der Zwischenkriegszeit, wie bereits in einer anderen Studie dieses Bandes gezeigt wurde.

Die Ideen der Reichsromantik sind auch der Schlüssel zum Verständnis der Tatsache, daß auch nach Hitlers Machtergreifung 1933 in bewußter Betonung und Verteidigung der österreichischen Eigenstaatlichkeit die Vorstellung von Österreich als deutschem Staat, als dem zweiten, dem besseren deutschen Staat so ausgeprägt war. Diese Vorstellung war allerdings nicht bloß für die Österreich-Ideologie des Ständestaates charakteristisch, wie es die These einer vor wenigen Jahren erschienenen Studie ist;[33)] sie findet sich genau so ausgeprägt in den Reaktionen der Sozialdemokratie auf Hitlers Machtergreifung. Gleichzeitig mit der Streichung des Anschluß-Paragraphen aus dem Parteiprogramm, gleichzeitig auch mit der auf Otto Bauer zurückgehenden Forderung nach völkerrechtlicher Neutralisierung Österreichs erklärte die österreichische Sozialdemokratie im Oktober 1933, Österreich solle „für die gesamte deutsche Nation die Mission" erfüllen, „in einer Zeit, in der das deutsche Volk im Reiche unter die blutige Herrschaft einer barbarischen Despotie gefallen ist, auf einem Teil deutschen Bodens, deutscher Freiheit, deutscher Kultur, dem Aufwärtsringen deutscher arbeitender Volksmassen eine Stätte zu erhalten."[34)]

Im gleichen Jahr 1933 zog allerdings Karl Renner – um die passenden historischen Analogien nie verlegen – eine weiterreichende historische Interpretation aus der Hitlerschen Machtergreifung in Deutschland und der von dieser veranlaßten Entscheidung der Sozialdemokraten, die Neutralisierung Österreichs anzupeilen. In einer (allerdings nicht im Buchhandel veröffentlichten) Broschüre schrieb

---

30) Ebenda S. 192 Anm. 6.
31) Otto Bauer, Acht Monate auswärtiger Politik. Wien 1919, S. 5.
32) Privatbrief Seipels an Dr. W. Bauer, Paris, vom 31. Juli 1928 erliegt in Abschrift im Haus-, Hof- und Staatsarchiv Wien, Neues Politisches Archiv, Karton 465. Abgedruckt bei: Viktor Reimann, Zu groß für Österreich – Seipel und Bauer im Kampf um die Erstes Republik, Wien 1968, S. 190–193.
33) Anton Staudinger, Zur „Österreich"-Ideologie des Ständestaates, in: Das Juliabkommen von 1936 (Veröffentlichungen der Wissenschaftlichen Kommission . . . zur Erforschung der österreichischen Geschichte der Jahre 1927 bis 1938, Bd. 4), Wien 1977, S. 198–240.
34) Vgl. die Angaben in diesem Band, S. 36, Anm. 15.

Renner damals: „Wie der Sieg des fürstlichen Absolutismus 1648 die deutsche Schweiz auf alle Zeiten der Nation entfremdet hat, so verliert das Reich heute durch den Hitlerschen Absolutismus Deutsch-Österreich."[35] Renners Kommentar ist auch aus einem weiteren Grunde von Interesse. Es wird nicht selten die Ansicht vertreten, Renner sei durchgehend ein Anschlußfreund gewesen, erst mit dem Jahre 1945 habe sich dies geändert.[36] Diese Ansicht unterschätzt die Nunaciertheit und Flexibilität von Renners Anpassungsvermögen an historische Konstellationen, eine Flexibilität, die es Renner ermöglichte, 1919 nach dem Anschlußverbot der Alliierten im Gegensatz zu Otto Bauer eine den Völkerbundmächten näher entgegenkommende Außenpolitik zu initiieren sowie 1937 mit Wissen und Bewilligung des Schuschnigg-Regimes nach Frankreich zu fahren und bei dem sozialistischen Außenminister Delbos sich für den Schutz der österreichischen Unabhängigkeit einzusetzen, – eine Flexibilität, die ihn allerdings 1938 veranlaßte, sich nicht nur auf den Boden des Anschlusses Österreichs zu stellen, sondern auch die Eingliederung der Sudetengebiete im Herbst 1938 als Verwirklichung des von ihm 1919 angestrebten Selbstbestimmungsrechts zu begrüßen.[37]

Für die Jahre 1933–1938 ist abschließend folgendes zu sagen: die Idee der völkerrechtlichen Neutralisierung Österreichs, von Otto

---

[35] Karl Renner, die Wirtschaftsprobleme der Sozialdemokratie und der Donauraum, Wien 1933, S. 33.

[36] Etwa in der Studie von Karl Dietrich Erdmann, Drei Staaten – zwei Nationen – ein Volk? – Überlegungen zu einer deutschen Geschichte seit der Teilung, Kiel 1985, 8–9, eine Studie, in der übrigens die Position der Schweiz und auch die Problematik der kulturellen Beziehungen der deutschen Schweiz zur Bundesrepublik und anderen Länder des deutschen Sprachraums fast gänzlich ausgeklammert wird. Vgl. in diesem Band S. 15 u. 54.

[37] Zum Gespräch Renner – Delbos am 29. Juli 1937 siehe Jacques Hannak, Karl Renner und seine Zeit, Wien 1965, S. 635–639. – Karl Renner, die Gründung der Republik Deutschösterreich, der Anschluß und die Sudetendeutschen, Wien 1938; (nicht veröffentlicht, aber im Umbruch gesetzt); vgl. in diesem Band S. 43.

Bauer 1933 übrigens über diplomatische Kanäle via Prag auch den Westmächten signalisiert, fand allenfalls in Prag und Paris freundliches Gehör, sie stieß schon in London, mehr noch in Rom oder Berlin auf taube Ohren.[38] Die „Verschweizerung" Österreichs, mehrfach zur Diskussion gestellt, schien den Machthabern des Ständestaates, zunächst beim Italien Mussolinis Hilfe suchend, ab 1936 ein Arrangement mit Deutschland faute de mieux anstrebend, kein gangbarer Weg. Schon nach dem „Anschluß" hat der in den Westen geflohene Dichter und Minister der Regierung Schuschnigg, Guido Zernatto, im Rückblick folgendes geschrieben:

„Es gab und gibt nur eine beschränkte Anzahl von Möglichkeiten, die für den österreichischen Staat erwogen werden konnten. Den Anschluß an das Reich, die Schaffung einer Donaukonföderation, die Restauration der alten Monarchie, wenn auch in geänderter Form, und die Verschweizerung... Die ‚Verschweizerung' wäre nur durch die kollektive Garantie der Unabhängigkeit des Landes möglich gewesen, eine Garantie, die Deutschland vorbehaltlos hätte mitübernehmen müssen."[39]

3

Die Selbstfindung der Österreicher während und nach den Erfahrungen des Dritten Reiches führte in den Vierzigerjahren zu einer neuen Einstellung gegenüber dem Kleinstaat. Auch die Erneuerung des föderalistischen Bewußtseins, die in den Länderkonferenzen der neuen Bundesländer im Herbst 1945 und im Verlangen nach Wiederherstellung der Länderstruktur der Ersten Republik zum Ausdruck kam, ist zu vermerken. Der Reichsromantik war allerdings der Garaus gemacht worden, und das Modell der Schweiz als benachbarter Kleinstaat wurde aktuell.

---

[38] Hierzu Belege bei Stourzh, Geschichte des Staatsvertrages (zit. Anm. 17) S. 193 Anm. 9.
[39] Guido Zernatto, Die Wahrheit über Österreich, New York 1938, S. 50.

Karl Renner, nunmehr Bundespräsident, hat im April 1946 in einem Vortrag in Wien die Lehre aus der Vergangenheit gezogen:

„Die zweimaligen bitteren Erfahrungen haben uns gewitzigt. Wir wollen nimmermehr in ein großmächtiges Reich, in irgendein Imperium eingebaut werden, um über Nacht wieder herausgerissen zu werden. Wir wollen frei für uns bleiben und es allein in der Welt versuchen. Es gibt Staatswesen, die weniger als sechs Millionen Einwohner zählen und doch für sich bestehen und gedeihen. Warum soll es uns nicht gelingen? Wir grenzen im Westen an die Schweiz, die Ostalpenländer haben eine ähnliche Struktur wie das Zentralalpenland der Eidgenossenschaft, unsere autonomen Länder sind verfassungsmäßig und in ihrer Denkweise den Schweizer Kantonen verwandt, unsere Bevölkerung ist noch dazu sprachlich eine Einheit. Freilich: Die Schweiz ist durch einen mehrhundertjährigen Frieden reich und wir sind durch zwei Weltkriege arm geworden! Die Schweiz hat zu allen Völkern der Erde freundschaftliche Beziehungen, und wir haben manchen Nachbarn, der uns nicht gut gesinnt scheint. Die zweimalige chirurgische Operation der beiden Weltkriege hat Wunden hüben und drüben hinterlassen – wir haben es schwer, unendlich schwerer als die Schweiz."[40]

Auch aus dem katholischen Lager kamen Stimmen, die auf den Modellcharakter der Schweiz für das neuerstandene Österreich verwiesen. Der Publizist Alfred Missong, einer der frühesten scharfen Kritiker des Nationalsozialismus in Österreich (bereits vor 1933!)

---

[40] Karl Renner, Österreich, Saint-Germain und der kommende Friede, Wien 1946, S. 19. Einige Monate später, anläßlich der 950-Jahr-Feier zur erstmaligen Nennung des Namens Österreich („Ostarrichi") in einer Urkunde, sagte Renner: „Unser Volk besitzt eine so ausgeprägte und von allen anderen verschiedene Individualität, daß es die Eignung und auch den Anspruch dazu hat, sich zur selbständigen Nation zu erklären. Daß es die Sprachgemeinschaft mit den Deutschen des Reiches verbindet, kann kein Hindernis sein. Diese Sprache ist auch kein Hindernis für die Deutschen der Schweiz, sich zur Schweizer Nation zu bekennen." Karl Renner, 950 Jahre Österreich, Wien 1946, S. 14; vgl. auch bei Ernst Panzenböck, Ein deutscher Traum. Die Anschlußidee und Anschlußpolitik bei Karl Renner und Otto Bauer, Wien 1985, S. 222.

schrieb im Juli 1946 im Organ der Österreichischen Volkspartei: „Gäbe es im Zeichen der UNO noch den Status der ewigen Neutralität, so müßte die Zweite Republik Österreich sich gleich der Schweiz zu ihm bekennen."[41]

Im Jahre 1946 entstand ein bemerkenswertes, allerdings erst dreißig Jahre später veröffentlichtes Dokument, das die integrale Neutralität der Schweiz als anzustrebendes Vorbild eines freien Österreichs bezeichnete. Verfasser dieses Memorandums war Dr. Heinrich Raab, der Bruder des nachmaligen Bundeskanzlers Julius Raab. Heinrich Raab, mit einer Schweizerin aus alter Altdorfer Familie verheiratet, war nach dem Anschluß (1934 –1938 war er Bürgermeister seiner Heimatstadt St. Pölten gewesen) in die Heimat seiner Frau gegangen. Er unterrichtete von 1939 bis 1947 am Benediktinergymnasium von Altdorf und wirkte in späteren Jahren als österreichischer Kultur- und Presserat in Bern.

Heinrich Raab empfahl in diesem Memorandum, das er seinem Freund, dem Bundeskanzler Leopold Figl sowie dem Außenminister Karl Gruber zukommen ließ, das Vorbild der Schweiz: Der Österreicher müsse, um gegen jede deutschsprachige Irredenta gefeit zu sein, lernen, in sich selbst zu ruhen und auf die eigene Art selig zu werden. Hier solle ihm der „fest in seinem eigenen Wesen ruhende Schweizer" ein Vorbild sein. Die Schweiz ruhe auf ihrer integralen Neutralität wie Gotthard-Granit, schrieb Raab! Diese Neutralität müßten auch die österreichischen Staatsmänner als ihr wichtigstes Ziel zu erreichen suchen, dies müßte auch das Mißtrauen unter den Großmächten verringern. Heinrich Raab hat später schriftlich festgehalten, daß er immer wieder versucht habe, seinem Bruder Julius und Leopold Figl die Politik der Schweiz ins rechte Licht zu rücken. Zunächst, so Heinrich Raab, konnten sie sich damit noch nicht befreunden: „sie waren ja noch Altösterreicher, die den herbstlichen Glanz der Donaumonarchie erlebt hatten, es war schwer auf die außenpolitische Aktivität zu verzichten, und ich höre noch meinen

---

[41] Alfred Missong, Österreich und der Weltfriede, in: Österreichische Monatshefte, Jg. 1 (1945/46), Juli 1946, S. 415–418.

Bruder Julius brummen: ‚Du mit Deinem Kantönligeist, willst uns auch noch verschweizern?'"[42]

Im Jänner 1947 meldete sich Bundespräsident Renner neuerlich zu Wort. Hatte er im Frühjahr 1946 stärker auf die Elemente des Kleinstaates und des Föderalismus abgestellt, so trat nun als drittes verbindendes Element zur Schweiz die Neutralitätsidee hinzu: „Wie nun die Schweiz zwischen den drei großen Nationen Westeuropas, so liegt das Gebiet Österreichs zwischen den fünf Völkern Mitteleuropas ... Es ist das gemeinsame Interesse dieser fünf Nachbarn, daß dieser Verbindungsraum für alle frei sei und frei bleibe ... Beide republikanischen Staatswesen zusammen stellen eine geschlossene Völkerbrücke quer durch Mitteleuropa her, deren Bestand nicht nur die freie Verbindung dieser Völker im Frieden garantiert, sondern auch ihre heilsame Trennung im Falle beabsichtigter Kriege und vor allem, was uns selbst betrifft, die Aussicht, daß unseres Volk endlich ebenso zur Ruhe komme wie die Schweiz nach dem Wiener Kongreß."[43]

In den folgenden Jahren des eskalierenden Ost-West-Konflikts gab es (vor allem um das Jahr 1949) manche Stimmen, die die volle Integration Österreichs in das gerade in Bildung begriffene westliche Verteidigungssystem befürworteten. Staatssekretär Ferdinand Graf antwortete auf die Frage eines Schweizer Journalisten im Juli 1949, ob Österreich nach Abschluß des Staatsvertrages (der damals nahe bevorzustehen schien) Anschluß an die Westunion und den Atlantik-Pakt suchen werde: „Ja. Der Atlantik-Pakt ist eine Paralleler-

---

[42] Heinrich Raab, Integrale Neutralität der Schweiz – das anzustrebende Vorbild eines freien Österreich. Mit einer Vorbemerkung von G. Stourzh veröffentlicht in: Zeitgeschichte Jg. 2 (1974/75), S. 192–194. Ich bin Erich Radschek für wertvolle Hinweise zur Datierung sehr zu Dank verbunden.

[43] Karl Renner, Die ideologische Ausrichtung der Politik Österreichs, in: Wiener Zeitung vom 19. Jänner 1947, 1–2, abgedruckt u. a. in: Eva-Marie Csáky (Hg.), Der Weg zu Freiheit und Neutralität. Dokumentation zur österreichischen Außenpolitik 1945–1955, Wien 1980, S. 124–128. Renner hat sich in diesem Aufsatz ausführlich mit der „Nationwerdung der Schweizer" beschäftigt.

scheinung zum Marschall-Plan, und ich sehe keinen Grund, daß sich Österreich selbst von der europäischen Schicksalsgemeinschaft ausschließen sollte. Offen gesagt, kann ich z. B. die Haltung der Schweiz in dieser Frage nicht verstehen, ist doch der aktive Zusammenschluß des Westens gerade zum Schutz der kleinen Nationen geschaffen worden."[44] Auch Karl Gruber hat im Frühjahr 1949 (noch vor Abschluß des Atlantik-Pakts) in einem vertraulichen Gespräch in London sein Interesse an einem Einschluß Österreichs in diesen Pakt bekundet – ein Interesse, das damals britischerseits gar nicht mit Enthusiasmus aufgenommen wurde.[45] Auch Adolf Schärf hat Ende 1949 in einem vertraulichen Schreiben an Léon Blum einer weitgehenden Westbindung Österreichs das Wort gesprochen.[46] Im wirtschaftlichen Bereich machte ja Österreich, das in diesen Jahren – übrigens gleich der Schweiz – Mitglied der OEEC geworden war und am Marshall-Plan teilnahm, große Fortschritte der Einbindung in den Wirtschaftsverkehr der westlichen Welt. Im politischen Bereich erscholl im Winter 1951/52 die umsichtig vorausblickende Stimme des Bundespräsidenten Theodor Körner, und zwar in einer für das Journal de Genève geschriebenen Stellungnahme, die in einer Österreich-Sondernummer dieser Zeitung am 23. Februar 1952 veröffentlicht wurde und wie folgt lautet:

„Die Schweiz, deren Wirtschaft uns das Beispiel gibt, wie man starke Initiative mit kluger Solidität verbinden kann, wird einem endgiltig befreiten Österreich auch ein Vorbild der politischen Weisheit sein, überall gute Freunde zu haben, aber sich nach keiner Seite hin einseitig zu binden."[47]

Auch im österreichischen Nationalrat fand im April 1952 eine außenpolitische Debatte statt, in der Außenminister Gruber die Linie einer bewaffneten Neutralität vertrat.[48]

---
44) Interview mit dem Schweizer Journalisten Herbert Alboth. Abgedruckt in: Klagenfurter Zeitung, 16. Juli 1949, S. 1.
45) Vgl. die Doktor-Dissertation von Robert F. Knight, British Policy towards Occupied Austria, Universität London 1986, S. 229.
46) Zit. bei Stourzh, Geschichte des Staatsvertrages (zit. Anm. 17) S. 320.
47) Faksimileabdruck ebenda S. 92.
48) Ebenda S. 110 f.

Doch erst die Jahre 1953 bis 1955 bilden jene Phase der neueren österreichischen Geschichte, in welcher das Modell der Schweiz als prinzipiell keinem Militärbündnis angehörender, ja immerwährend neutraler Staat von entscheidender Bedeutung für Österreichs weitere Entwicklung wurde.

Im Laufe der frühen fünfziger Jahre wurde es immer deutlicher, daß mit dem Abzug der Sowjetunion aus Österreich nicht gerechnet werden konnte, solange sie nicht die Garantie hätte, daß Österreich nach Abschluß seines Staatsvertrages nicht in das Verteidigungssystem des Atlantikpaktes eingebunden würde. Im September 1952 und neuerlich im April 1953 kam es zu informellen vertraulichen Gesprächen zwischen sowjetischen und österreichischen Diplomaten in Washington, in welchen der sowjetische Gesprächspartner meinte, Österreich solle sich nicht von den anderen verteidigen lassen und Schweden und die Schweiz als Vorbild für Österreich nannte.[49] Im Frühsommer 1953 war ein Zeitpunkt gekommen, wo – einige Monate nach Stalins Tod im Zeichen des damals so genannten „Tauwetters" – der neue österreichische Bundeskanzler Julius Raab eine Entkrampfung des österreichisch-russischen Verhältnisses anstrebte, und auch der langjährige Außenminister Gruber den neuen Perspektiven Rechnung trug. Im Juni 1953 suchte Gruber auf dem Bürgerstock bei Luzern den indischen Ministerpräsidenten Nehru auf und ersuchte ihn, mittels der guten Dienste der indischen Diplomatie Moskau wissen zu lassen, daß Österreich keinem Militärbündnis beitreten werde.

Zur Verdeutlichung der österreichischen Position wurde den Indern bald darauf ein zwischen Außenminister Gruber und Staatssekretär Bruno Kreisky akkordiertes Papier übergeben. Darin heißt es: „Ein militärpolitisch neutralisiertes Österreich ... bildet gemeinsam mit der Schweiz im Herzen von Europa eine Zone, die die wichtige

---

[49] Vgl. die Dokumentensammlung von Alfons Schilcher, Österreich und die Großmächte (Materialien zur Zeitgeschichte, hg. v. Erika Weinzierl, Rudolf G. Ardelt u. Karl Stuhlpfarrer, Bd. 2), Wien – Salzburg 1980, Dokumente 63 und 66.

Alpenstellung außerhalb jeglicher militärpolitischen Kombinationen hielte. Dadurch würden selbstverständlich auch der Sowjetunion wichtige Sicherungsgarantien geboten. Österreich ist jedenfalls entschlossen, seine Unabhängigkeit nach allen Seiten zu wahren."[50]

Die tatsächlich sehr rasch erfolgende Intervention des indischen Botschafters in Moskau, K. P. S. Menon, hatte keine unmittelbaren Konsequenzen. Auf der Berliner Außenministerkonferenz im Februar 1954 präsentierte jedoch Außenminister Molotow einen Ergänzungsartikel zum Entwurf des österreichischen Staatsvertrags, wonach sich Österreich verpflichte, keinerlei Koalitionen einzugehen, die gegen eine Macht gerichtet wäre, die am Krieg gegen Deutschland oder an der Befreiung Österreichs beteiligt war. Die Westmächte hatten einen Vorstoß Rußlands in Richtung einer Neutralisierung Österreichs erwartet. Sie erhoben allerdings striktesten Einspruch gegen einen Neutralisierungsartikel im Staatsvertrag – vor allem deshalb, weil sie eine Beispielswirkung für Deutschland befürchteten, hatte doch die Sowjetunion schon im März 1952 die Idee einer im Friedensvertrag mit Deutschland zu verankernden Neutralisierung Deutschlands lanciert. Der amerikanische Außenminister John Foster Dulles bezeichnete denn auch eine zwangsweise auferlegte Neutralität als eine ewige Servitut. Eine freiwillig übernommene Neutralität hingegen wertete Dulles, mit ausdrücklichem Hinweis auf die Schweiz, positiv. Diese sehr wichtige Stellungnahme lautet in deutscher Übersetzung:

„Ein neutraler Status ist ein achtbarer, ehrenvoller Status, wenn er freiwillig von einer Nation gewählt wird. Die Schweiz hat die Neutralität gewählt, und als Neutraler hat sie einen ehrenvollen Status (,honorable status') in der Völkerfamilie errungen ... Österreich stände es frei, ebenfalls ein neutraler Staat wie die Schweiz zu werden. Die Vereinigten Staaten würden sicherlich Österreichs Wahl voll respektieren, so wie sie voll die Wahl (,choice') der schweizerischen Nation respektieren."[51]

---

50) Zit. bei Stourzh, Geschichte des Staatsvertrages (zit. Anm. 17) S. 87.
51) Zit. ebenda (im englischen Original) S. 121.

Bei Archivforschungen in der Eisenhower-Bibliothek in Abilene, Kansas, konnte ich feststellen, daß wenige Wochen vor Dulles' Berliner Erklärung Präsident Eisenhower selbst die Parallele Österreich-Schweiz nannte. In einer Besprechung mit Dulles sagte Eisenhower, er sehe keine Einwendungen gegen eine Neutralisierung Österreichs, wenn diese nicht eine Demilitarisierung mit sich bringe. Wenn Österreich einen, etwa jenem der Schweiz vergleichbaren, Status erringen könne, wäre dies von einem militärischen Standpunkt durchaus zufriedenstellend.[52] Dem „grünen Licht" Eisenhowers folgend, teilte Dulles in einem erst 1986 veröffentlichten Vieraugengespräch mit Molotow am 13. Februar 1954 diesem mit, „wenn Öster- reich eine Schweiz sein wollte", würden die Vereinigten Staaten nicht im Wege stehen, doch dürfe dies (dieser Status, G. St.) nicht auferlegt werden. Dieses Gespräch fand unmittelbar vor der oben wiedergegebenen Erklärung Dulles' vor der Außenministerkonferenz statt.[53] Dulles' Hinweis auf das Beispiel Schweiz sollte 14 Monate später in Moskau bei den österreichisch-sowjetischen Gesprächen eine wichtige Rolle spielen.

Im Februar und März 1955 ließ die Sowjetunion wissen, daß sie die Zeit für die Lösung der Österreich-Frage als reif erachte. Die

---

52) Zit. ebenda S. 322. Vgl. auch: Ders., Rückblick auf den April 1955: Der lange Weg zur „Schweizer Formel", in: Die Furche, Jg. 41 (1985) Nr. 16 vom 19. April 1985, S. 6–7.

53) In dem von Dulles selbst verfaßten Gesprächsmemorandum über sein Vieraugengespräch mit Molotow (nur ein russischer Dolmetsch war noch anwesend) lautet der entscheidende Satz: „Regarding Soviet proposed neutralization, if Austria wants to be a Switzerland, US will not stand in the way, but this should not be imposed." Veröffentlicht in: Foreign Relations of the Unitid States 1952–1954, Bd. VII, Germany and Austria, Teil 1, Washington, D.C. 1986, S. 1081. Eine ausführlichere Darstellung der Entstehung der österreichischen Neutralität, mit Heranziehung neu zugänglich gemachter britischer und amerikanischer Archivquellen, findet sich in: Gerald Stourzh, The Origins of Austrian Neutrality, in: Neutrality. Changing Concepts and Practices, hrsg. von Alan T. Leonhard, University Press of America, Lanham – New York – London 1988, S. 35–57. Zum folgenden ausführlich meine Geschichte des Staatsvertrages, S. 131–172.

sowjetisch-österreichischen Kontakte dieser Wochen zeigten vor allem, daß russischerseits eine Frage in den Vordergrund gestellt wurde: Garantien gegen die Gefahr eines Anschlusses an Deutschland. In diesem Zusammenhang arbeitete man auf dem Ballhausplatz in Wien Vorschläge aus, die sich sehr eng an Textstellen der Akte vom 20. November 1815 über die Anerkennung der schweizerischen Neutralität und die Garantie des schweizerischen Staatsgebiets durch die Mächte orientierten. Der entscheidende Satz des berühmten Dokuments vom 20. November 1815 lautet: „Les puissances ... font par le présent Acte une reconnaissance formelle et authentique de la neutralité perpetuelle de la Suisse, et Elles lui garantissent l'intégrité et l'inviolabilité de son territoire ..."

Die Österreicher konzentrierten sich allerdings auf den zweiten Teil dieses Satzes, auf die Territorialgarantie; denn noch zögerte man in Wien, vor allem im Außenministerium und in der Führung der Sozialistischen Partei, den Begriff der Neutralität zu nennen; man zog die taxative Aufzählung von zwei Verpflichtungen, erstens die Bündnisfreiheit und zweitens das Verbot ausländischer Militärbasen in Österreich, vor. Als zusätzliches Offert trat aber nun eine Garantie der Unversehrtheit und Unverletzlichkeit des österreichischen Staatsgebiets hinzu – bewußt und nachweislich nach dem Muster des die Schweiz betreffenden Textes von 1815.

Erst bei den Verhandlungen Bundeskanzler Raabs, Vizekanzler Schärfs, Außenminister Figls und Staatssekretär Kreiskys in Moskau vom 12. bis 15. April 1955 stellte sich heraus, daß den Sowjets die Neutralität selbst als wichtigste „Garantie" der österreichischen Unabhängigkeit erschien. Während der Verhandlungen kam Außenminister Molotow als erster und mehrfach auf das Beispiel der Schweiz zu sprechen und sagte wörtlich – ich folge der Mitschrift des österreichischen Diplomaten Josef Schöner –: „Die Schweiz ist als Beispiel für die Sowjetunion sehr interessant." Molotow erinnerte ausdrücklich an die (oben zitierte) Erklärung Bundespräsident Körners für das Journal de Genève von 1952, und zitierte sodann ausführlich Dulles' (ebenfalls bereits oben wiedergegebene) Berliner Erklärung vom Februar 1954. Der Hinweis auf die Schweiz und auf Dulles' Berliner Erklärung, in der die freiwillige Neutralität der Schweiz eine so große Rolle spielte, ist als Konsensformel zu werten, dazu angetan, der westlichen Führungsmacht (und den anderen Westmächten) sowie den noch zögernden österreichischen Politikern (damals vor allem die sozialistische Führungsspitze) die Annahme der permanenten Neutralität Österreichs zu erleichtern.[54]

Ihren Niederschlag fanden diese Verhandlungen im Moskauer Memorandum vom 15. April 1955, in dem die Schweiz an zwei Stellen genannt wird.[55] In Punkt I, 1 verpflichtete sich die österreichische Regierungsdelegation für die Herbeiführung eines Beschlusses der Bundesregierung folgenden Inhalts Sorge zu tragen:

„In Sinne der von Österreich bereits auf der Konferenz von Berlin im Jahre 1954 abgegebenen Erklärung, keinen militärischen Bündnissen beizutreten und militärische Stützpunkte auf seinem Gebiet nicht zuzulassen, wird die österreichische Bundesregierung eine Deklaration in einer Form abgeben, die Österreich international dazu verpflichtet, immerwährend eine Neutralität der Art zu üben, wie sie von der Schweiz gehandhabt wird."

Punkt II, 5 lautet wie folgt: „Die Sowjetregierung ist bereit, an einer Garantie der Unversehrtheit und Unverletzlichkeit des österreichischen Staatsgebiets durch die Vier Großmächte – nach dem Muster der Schweiz – teilzunehmen."

Wichtig ist, daß noch während der Moskauer Verhandlungen die

---

[54] Molotow äußerte sich anläßlich eines Besuches in Bern am 28. Mai 1954 gegenüber Bundesrat Max Petitpierre sehr positiv über die „geschickte" und „weise" Politik der Schweiz, die dem Land die letzten Kriege erspart habe. Aufzeichnung Max Petitpierres in: Max Petitpierre, Seize Ans de Neutralité active. Aspects de la politique étrangère de la Suisse (1945–1961), Neuchâtel 1980, 426–427.

[55] Sie wird in diesem Memorandum genannt, nicht jedoch in dem österreichischen Bundesverfassungsgesetz über die Neutralität Österreichs vom 26. Oktober 1955. Insoferne ist Edgar Bonjours Bemerkung, „in der österreichischen Neutralitätserklärung" werde auf das schweizerische Muster verwiesen, mißverständlich. Edgar Bonjour, Österreichische und schweizerische Neutralität. In: Ders., Die Schweiz und Europa. Ausgewählte Reden und Aufsätze, Bd. 7, Basel – Frankfurt/Main 1981, S. 18.

Frage einer zukünftigen UN-Mitgliedschaft Österreichs klargestellt wurde. Den Österreichern, die schon 1947 ein Ansuchen um Mitgliedschaft gestellt hatten, kam zugute, daß die vier Alliierten ebenfalls bereits 1947 im Entwurf der Präambel zum österreichischen Staatsvertrag einstimmig festgelegt hatten, daß sie die Aufnahme Österreichs in die UN befürworten würden. In Moskau wurde deutlich, daß von sowjetischer Seite keine Einwände gegen den Beitritt zur UN bestünden. Umso mehr ist die Funktion der „Schweizer Formel" des Moskauer Memorandums in der Konsenserleichterung zwischen Ost und West über Österreichs zukünftigen internationalen Status zu sehen. Molotow hat übrigens noch in der Außenministerkonferenz zu Wien am 14. Mai 1955 den Entwurf für eine Vier-Mächte-Erklärung vorgelegt, wonach die Regierungen der Mächte „den Status der ständigen Neutralität Österreichs von einer solchen Art, wie sie die Schweiz in ihren Beziehungen zu den anderen Staaten einhält, achten und aufrechterhalten werden." Dieser Text ist allerdings Entwurf geblieben, die Vertreter der Westmächte erklärten, bei Anerkennung des Prinzips der zukünftigen Neutralität Österreichs einmal die Schritte Österreichs abwarten zu wollen. Sie wollten sich auch durch Garantieverpflichtungen nicht binden, und es kam im weiteren Verlauf zu keiner Garantieerklärung seitens der vier Mächte, wohl aber zur gleichzeitigen Anerkennung der österreichischen Neutralität nach dem Wortlaut des österreichischen Bundesverfassungsgesetzes über die immerwährende Neutralität Österreichs vom 26. Oktober 1955. Im Text des österreichischen Neutralitätsgesetzes erscheint naturgemäß kein Hinweis auf einen anderen Staat, etwa die Schweiz, doch gilt als historisches Faktum von weitreichender Bedeutung zu verzeichnen, daß unbeschadet diverser Unterschiede in der Frage des Beitritts zu den Vereinten Nationen (zunächst auch bezüglich des Europarats) seit dem Jahre 1955 zwei Nachbarstaaten in Mitteleuropa dem Status der immerwährenden Neutralität verpflichtet sind. Die weitere vergleichende Analyse der auswärtigen Politik und vor allem der Neutralitätspolitik der beiden Staaten ist nicht Inhalt der vorliegenden Studie.

4

Abschließend und zusammenfassend sei an den Ausgangspunkt dieser Skizze erinnert: Zu Beginn des 20. Jahrhunderts war Österreich weder republikanisch, noch ein Kleinstaat, noch neutral; föderalistische Ansätze gab es im historischen Gewachsensein der österreichischen Länder und der in den letzten Jahrzehnten der Habsburgermonarchie zunehmenden Bedeutung der Kronländer-Autonomie.

Seither ist Österreich all das geworden, was die Schweiz schon zu Jahrhundertbeginn war: ein Kleinstaat – zunächst nach 1918 unwillig, seit dem Zweiten Weltkrieg gar nicht ungern –; föderalistisch, neutral, und – bewußt zuletzt genannt – republikanisch. Ich stelle das Adjektiv „republikanisch" zuletzt zur Diskussion, weil gerade hier beachtliche Unterschiede in den Traditionen der schweizerischen und der österreichischen Republik zutage treten. Die Schweiz ist eine demokratische Republik mit republikanischer Tradition – einschließlich der aristokratisch-patrizischen Tradition wichtiger Stadtkantone. Österreich ist eine demokratische Republik mit monarchisch-landesfürstlichen Traditionen; nicht nur die Tradition der jahrhundertelang als Reichshaupt- und Residenzstadt dienenden Stadt Wien ist zu bedenken, sondern auch die landesfürstliche Tradition vieler Landeshauptstädte, einschließlich des erzbischöflichen Salzburg. Noch in der Gegenwart werden die österreichischen Landeshauptleute scherzhaft als „Landesfürsten" bezeichnet – ein Wort mit tieferen Wurzeln im österreichischen Traditionsbewußtsein, als es zunächst erscheinen mag.

Ich möchte die – bewußt pointierte – These aufstellen, daß die Österreicher bessere Demokraten als Republikaner sind. Montesquieu hat in seinem großen Werk vom Geist der Gesetze Prinzipien postuliert, die als eigentliches movens der verschiedenen Staats- und Herrschaftsformen fungieren: das Prinzip der Angst in Despotien, das Prinzip der „honneur" in Monarchien, und das Prinzip der „vertu politique", der politischen Tugend, in den Republiken. Das Prinzip der „honneur", wie Montesquieu es versteht, wirkt in Österreich immer noch nach – in der im Vergleich zur Schweiz stärkeren Personenbezogenzeit des politischen Lebens, im mangelnden Verständnis für das republikanische Prinzip der Rotation im Amte, vielleicht auch in der in Österreich und der Schweiz so verschiedenen Einstellung zu Orden und Ehrenzeichen. Auch gibt es in Österreich viel Reflexion über Demokratie, aber wenig über das, was republikanisches Bewußtsein im Sinne von Montesquieus republikanischer Tugend ausmacht. Wenn man in Österreich über Montesquieus „vertu" als republikanisches Prinzip nachdächte, könnten wir vielleicht die Tradition unseres Nachbarlandes besser verstehen lernen und auch besser an unserer eigenen „unvollendeten Republik"[56] arbeiten. Wenn unsere schweizerischen Nachbarn über Montesquieus „honneur" reflektieren, werden ihnen vielleicht manche Traditionen und Eigenheiten österreichischer Politik, auch der demokratischen Politik in Österreich, klarer verständlich werden.

So unterschiedlich die Überlieferungen der zwei Nachbarstaaten auch sind, so trifft doch zu, was Karl Renner in den Anfängen der Ersten Republik sagte; sie wäre „in gewissem Sinne eine Wiederholung der Schweiz, ein Bund sich selbst regierender Städte und Landschaften, ... mitten in das Herz Europas gebettet."[57] Das ist doch Grund genug, hin und wieder zum nachbarlichen Gespräch zusammenzutreffen und zur vergleichenden Reflexion auch über das eigene Gemeinwesen anzuregen.

---

[56] Eines der seltenen Beispiele „republikanischer" Reflexion in der Zweiten Republik ist der von Erhard Busek und Meinrad Peterlik herausgegebene Sammelband Die unvollendete Republik, Wien 1968.
[57] Renner sprach damals (6. September 1919) noch von der Republik der deutschen Alpenlande. Stenographische Protokolle der Konstituierenden Nationalversammlung, 29. Sitzung, 6. September 1919, S. 766.

V
Österreichbewußtsein im Übergang der Achtziger- zu den Neunzigerjahren

Im Herbst 1987 fand eine ganz Österreich umfassende demoskopische Untersuchung zum Fragenkomplex „Österreichbewußtsein" statt, deren Ergebnisse 1988 veröffentlicht wurden.[1] Zwei ergänzende Untersuchungen zum Österreichbewußtsein wurden 1989 und 1990 durchgeführt; sie haben einige der 1987 verwendeten Fragestellungen neuerlich gestellt und werden in ihren wichtigsten Ergebnissen in diese Studie miteinbezogen.[2] Unabhängig von den hier ausgewerteten Untersuchungen erfolgte im Jahre 1984 eine Befragung zu „Nation und Nationalbewußtsein in Österreich", deren

---

1) Österreichbewußtsein 1987. Studie des Wiener Meinungsforschungsinstituts Dr. Fessel + GFK im Rahmen eines vom Jubiläumsfonds der Österreichischen Nationalbank unterstützten, vom Verfasser betreuten Projekts. Die Untersuchung enthält neben einer Einführung durch den Verfasser eine detailreiche Interpretation des Datenbandes von Peter A. Ulram „Österreichbewußtsein 1964–1987". Die Untersuchung liegt vervielfältigt vor; nicht im Buchhandel. Ihre Ergebnisse wurden im Laufe des Jahres 1988 den Medien zugänglich gemacht; der Verfasser berichtete darüber im Informationsbulletin des Nationalen Forschungsprojekts 21 „Kulturelle Vielfalt und nationale Identität" des Schweizerischen Nationalfonds zur Förderung der wissenschaftlichen Forschung, INFO 21, Nr. 7, Februar 1989, S. 12–17; dieser Bericht sowie die Einführung des Verfassers zu der Untersuchung „Österreichbewußtsein 1987" liegen der hier veröffentlichten, allerdings erweiterten Studie zugrunde.
2) Österreichbewußtsein 1989 (Fessel + GFK Institut im Auftrag des Bundesministeriums f. Wissenschaft und Forschung; Österreichbewußtsein 1990 (Eigenprojekt des Fessel + GFK-Instituts). Beide Studien liegen vervielfältigt vor; nicht im Buchhandel. Ich bin Herrn Univ.-Dozent Dr. Peter A. Ulram vom Fessel + GFK-Institut für die Einsicht in diese Untersuchungen und die Möglichkeit, mich darauf zu beziehen, sehr zu Dank verpflichtet. Zu der Untersuchung 1990 vgl. Rudolf Bretschneider, Österreichische Öffnungen, in: Wiener Journal, Nr. 118/119 – Juli/August 1990, S. 1 u. 3.

Ergebnisse erst 1988 veröffentlicht wurden; fallweise wird auch auf Ergebnisse dieser Untersuchung verwiesen.[3)]

Das Projekt von 1987/88 sollte in erster Linie dem Ziel dienen, etwa sieben bis acht Jahre nach der umfassenden Untersuchung zum österreichischen Nationalbewußtsein durch die Paul Lazarsfeld-Gesellschaft im Jahre 1980 zu prüfen, welche Veränderungen und Entwicklungen der Bewußtseinslage der Österreicher seit 1980 zu verzeichnen wären.[4)] Daraus ergab sich, daß aus Vergleichsrücksichten eine Reihe von Fragestellungen der Untersuchung der Lazarsfeld-Gesellschaft von 1980 neuerlich zu berücksichtigen waren. Allerdings war es ein weiteres wichtiges Ziel, durch Ausweitung, Ergänzung und Verfeinerung der 1980 verwendeten Fragestellungen zu noch konkreteren und differenzierteren Aussagen über Identitätsfindung und Identitätsbewußtsein der Österreicher zu gelangen. Insbesondere sollten einige neu konzipierte Fragestellungen die Identitätsproblematik im Zusammenhang mit der Tatsache der Existenz mehrerer gleichsprachiger Nachbarländer in Mitteleuropa (Bundesrepublik Deutschland und die zu 65% deutschsprachige Schweiz) untersuchen.

Die Umfrage 1987 wurde im Vorfeld des auf die österreichische Öffentlichkeit zukommenden Gedenkjahres 1988 – 50 Jahre nach 1938 – konzipiert. Daraus ergab sich, daß zusätzlich zu einer Reihe von Fragestellungen, die sich mit dem Geschichtsbewußtsein der Österreicher im allgemeinen befaßten, ein ausführlicher Block von

---

[3)] Nation und Nationalbewußtsein in Österreich. Ergebnisse einer empirischen Untersuchung, hrsg. von Albert F. Reiterer, Wien 1988. Eine ausführliche Rezension dieser Untersuchung ebenso wie der in Anm. 1 genannten Untersuchung „Österreichbewußtsein 1987" findet sich in: Erika Weinzierl, Österreichische Nation und österreichisches Nationalbewußtsein, in: Zeitgeschichte, Bd. 17, 1989/90, S. 44–62.
[4)] Das österreichische Nationalbewußtsein in der öffentlichen Meinung und im Urteil der Experten – eine Studie der Paul Lazarsfeld-Gesellschaft für Sozialforschung, mit Beiträgen von Gunter Falk, Norbert Leser, Anton Pelinka, Otto Schulmeister, Gerald Stourzh und Hans Strotzka, Wien 1980; liegt vervielfältigt vor, nicht im Buchhandel.

Fragestellungen dem Themenkomplex „1938–1945" gewidmet sein sollte.[5]

In der Zweiten Republik Österreich hat sich zunehmend ein „Österreichbewußtsein" entwickelt, das vielleicht sogar präziser als „Österreicherbewußtsein" zu bezeichnen wäre. Die Existenz eines spontanen „Österreichbewußtsein" tritt in der Reaktion auf eine in dieser Form erstmals formulierte Fragestellung zutage: Die Frage lautete: „Nehmen wir einmal an, sie wären im Ausland [vorausgesetzt: im fremdsprachigen Ausland] und würden sich dort auf deutsch unterhalten. Jemand kommt dazu und fragt: ‚Sind sie Deutscher?' Was würden Sie antworten?" Zur Antwort gaben 87% der Befragten: „Österreicher"; 6% antworteten: „Deutscher"; die Antworten „Deutscher aus Österreich (bzw. Wien, Graz etc.) gaben 3%; lediglich 2% gaben eine regionale Identität in Österreich (also etwa Steirer, Tiroler etc.) an; 3% gaben keine Angabe. Wie schon in einer anderen Studie dieses Bandes bemerkt,[6] darf man in Kenntnis der so anderen Bewußtseins- und Identitätslage im Österreich der Ersten Republik aufgrund vieler Indizien annehmen – ein Beweis ist natürlich unmöglich – daß eine derartige Befragung anno 1920 oder 1930 andere Ergebnisse gezeigt hätte. Es ist nicht erstaunlich, daß in Hinblick auf regional differenzierte historische Prägungen und – in einem Bundesland – bis in die Gegenwart reichende ethnisch-sprachliche Konflikte der Prozentsatz der die Antwort „Deutscher" (oder „Deutsche") Gebenden in Kärnten und in der Steiermark höher war als der österreichische Durchschnitt (Kärnten 15%, Steiermark 10%); am niedrigsten war dieser Prozentsatz in Wien (4%), in den meisten anderen Bundesländern 5%, in Vorarlberg 8%.

---

5) Die Konzipierung der Fragestellungen erfolgte im Sommer 1987; die Meinungsumfrage selbst erfolgte zwischen 7. Oktober und 6. November 1987 in ganz Österreich. Es wurden Männer und Frauen ab 14 Jahren befragt. 1.486 Interviews wurden erreicht, die Tabellenbasis ist 1.500. Erste Auswertungsergebnisse wurden im März 1988 veröffentlicht, die endgültige schriftliche Auswertung erfolgte in der ersten Jahreshälfte 1988.
6) Vgl. in diesem Band S. 51.

Erstmals stellte im Jahre 1956 eine Meinungsumfrage des Fessel-Instituts die Frage, ob die Österreicher „eine Gruppe des deutschen Volkes" seien oder ein „eigenes, österreichisches Volk". 49% bejahten die Frage nach dem österreichischen Volk, 46% betrachteten die Österreicher als eine Gruppe des deutschen Volkes. Diese Untersuchung vom April 1956 zeigte, wie sehr der Begriff des im unabhängigen Staatsverband integrierten Volkes gegenüber dem früher in Österreich dominanten sprachlich-ethnischen Volksbegriff im Vordringen war.[7] 1964 wurde erstmals in einer Umfrage der Sozialwissenschaftlichen Studiengesellschaft jene Fragestellung angewandt, die seither in mehreren Untersuchungen verwendet wurde, und die hier tabellarisch präsentiert wird.[8]

Es stimmen der Ansicht zu (in %):	*1964*	*1970*	*1972*	*1980*	*1987*	*1989*	*1990*
1. Die Österreicher sind eine Nation	47	66	62	67	75	78	74
2. Die Österreicher beginnen sich langsam als Nation zu fühlen	23	16	12	19	16	15	20
Summe aus 1 und 2	70	82	74	86	91	93	94
3. Die Österreicher sind keine Nation	15	8	7	11	5	4	5
4. Keine Angabe	14	10	19	3	3	3	1

---

[7] Hierzu und zu einer Reihe weiterer Meinungsumfragen vgl. William T. Bluhm, Building an Austrian Nation – the Political Integration of a Western State, New Haven, Connecticut, 1973, S. 221–241.

[8] Das Nationalbewußtsein der Österreicher, in: Die Meinung – Zeitschrift für Sozialforschung, 5. Jg., 1965, Heft 1 S. 8–11, Heft 2, S. 1–5. Die Ergebnisse der Gallup-Studie 1970 sind entnommen zwei Studien von Peter J. Katzenstein: Das österreichische Nationalbewußtsein, in: Journal für angewandte Sozialforschung, Bd. 16, 1976, Heft 3, S. 2–14,

Insgesamt hat sich das Bewußtsein, die Österreicher seien eine Nation bzw. sie begännen langsam, sich als Nation zu fühlen, in den Achtzigerjahren konsolidiert.[9] Von Interesse ist – aus den Zahlen für die Jahre 1987 und 1989 erkennbar –, daß weder die causa Waldheim in den Jahren 1986/87 noch die Diskussion im „Bedenkjahr" 1988 nennenswerte Veränderungen ergeben haben; hingegen gibt es eine gewisse Fluktuation in den Rubriken 1 und 2 im Übergang von 1989 auf 1990 (März). Es ist naheliegend, an die Umbrüche in Ostmitteleuropa und an die sich anbahnende Vereinigung von BRD und DDR zu denken. Allerdings hat sich gleichzeitig, wie noch ausgeführt werden wird, die Bejahung der Kleinstaatlichkeit von 1987 bis 1990 merkbar verstärkt. Erst weitere Untersuchungen in den kommenden Jahren, allenfalls mit zusätzlichen Fragestellungen verbunden, werden hier Klarheit schaffen können.

Den hier tabellarisch präsentierten Fragestellungen wurden erstmals bei der Untersuchung von 1987 klärende Vorfragen zum Begriff der Nation vorangestellt. Zwei voneinander deutlich verschiedene Vorstellungen von „Nation" wurden wie folgt formuliert:

a) Eine Nation beruht auf der Zustimmung des Menschen zu dem Staat, in dem sie leben; auch wenn diese Menschen verschiedene Sprachen sprechen wie zum Beispiel in der Schweiz.

---

sowie in dessen Buch: Disjoined Partners – Austria and Germany since 1815, Berkeley, Calif., 1976, S. 185. Die Untersuchung 1972 erfolgte durch das IFES-Institut in Wien, mitgeteilt bei: Anton Burghardt und Herbert Matis, Die Nation-Werdung Österreichs – Historische und Soziologische Aspekte, Wien 1976, S. 45 (= Heft 13 der Berichte des Instituts für Angewandte Soziologie und Wirtschaftssoziologie an der Wirtschaftsuniversität Wien). Die Daten für 1980 sind der in Anm. 4 genannten Untersuchung, die Daten für 1987 der in Anm. 1, die Daten für 1989 und 1990 den in Anm. 2 genannten Untersuchungen entnommen.

[9] Dies ergeben auch die Resultate der im einzelnen anders formulierten Fragestellungen der 1984 unter Leitung von Albert F. Reiterer vorgenommenen, 1988 veröffentlichten Untersuchung; hierzu Reiterer, a. a. O. (siehe Anm. 3), insbes. S. 41 sowie S. 54 ff.

b) Eine Nation beruht auf der gemeinsamen Sprache; egal, ob die Menschen, die diese Sprache sprechen, in einem oder in mehreren Staaten leben.

In der Umfrage 1987 stimmten 74% der Befragten der erstgenannten Ansicht zu, 21% der zweiten (5% keine Angabe); die im März 1990 vorgenommene Wiederholung dieser Fragestellung erbrachte 70% für die erstgenannte Ansicht, 28% für die zweite Ansicht (2% keine Angabe). Diese Frage wurde, wie erwähnt, jeweils vor den Fragen zur österreichischen Nation gestellt. Wenngleich die Ergebnisse von 1990 ein gewisses Ansteigen der Bejahung der „Sprachnation" bedeuten (regional unterschiedlich, am deutlichsten in Kärnten und in Vorarlberg), läßt sich doch insgesamt sagen, daß im Vergleich zur zweiten Hälfte des 19. Jahrhunderts und den ersten Jahrzehnten des 20. Jahrhunderts ein signifikanter Bewußtseinswandel eingetreten ist. Dominierte vor und nach 1900 in Österreich ganz eindeutig die Idee der Sprachnation (und der „Kulturnation" als Sprachnation), wofür Ignaz Seipels Buch „Nation und Staat" von 1916 charakteristisch ist,[10] so hat mit der Konsolidierung der Zweiten Republik die in Westeuropa sowie in Nord- und Südamerika vorherrschende Vorstellung von der Nation als politischer Nation, wenn man will als Bewußtseinsnation im Sinne des so oft zitierten Wortes von Ernest Renan über die Nation als tägliche Volksabstimmung an Bedeutung gewonnen.[11] Die im deutschen Sprachraum seit Jahrzehnten geläufige Unterscheidung von „Staatsnation" und „Kulturnation" bedarf nämlich, was die „Staatsnation" anlangt, einer oft übersehenen Präzisierung.[12] Es wird nämlich oft nicht ausreichend zwischen Staats-

---

[10] Ignaz Seipel, Nation und Staat, Wien und Leipzig 1916.
[11] Dieser Befund wird auch durch die von Albert Reiterer 1984 durchgeführte und 1988 veröffentlichte Untersuchung bestätigt. Bei Fragen nach verschiedenen Inhalten des Nationsbegriffs – dieselbe Sprache, dieselbe Kultur, ein Volk, ein Staat, gemeinsame Abstammung, oder eben „der Wille, wirtschaftlich und politisch zusammen zu leben" – hat die letztgenannte Formulierung die relativ stärkste Zustimmung, die „gemeinsame Abstammung" die weitaus schwächste erhalten. Reiterer, a. a. O. (siehe Anm. 3), S. 5.
[12] Vgl. zur Problematik der „Kulturnation" in diesem Band S. 19–23.

nation in einem objektiv-juristischen und einem subjektiv-voluntaristischen, politisch-soziologischen Sinn unterschieden. Der Verband aller Staatsbürger ist der Staat, im Französischen wie im Englischen besonders in völkerrechtlichen Belangen oft als „nation" bezeichnet. (Das lateinische ius gentium ist zum „droit des gens", zum „Völkerrecht", zum „law of nations" geworden!) Die „League of Nations", offiziell als „Völkerbund" übersetzt, war faktisch und juristisch ein Staatenbund, ein Bund von „Staatsvölkern" im objektiven Sinn; das gleiche gilt von den „United Nations", den „Vereinten Nationen".

Doch dazu kommt, von der Volkssouveränitätslehre der Französischen Revolution ausgehend, die die „Nation" als Träger der Souveränität ansah – daher „assemblée nationale", Nationalversammlung! – die Idee der im Konsens vom Willen zum gemeinsamen Leben im unabhängigen Staat beseelten Bürger. Wille und Konsens zur gemeinsamen staatlichen Existenz konstituieren einen politisch-voluntaristischen Nationsbegriff, wie wir ihn besonders gut am historischen Beispiel der Schweiz studieren können. Richard Georg Plaschka hat an einem Beispiel aus dem Jahre 1798 gezeigt, wie die italienischsprachigen Tessiner den Ansturm der aus Mailand kommenden Italiener der Cisalpinischen Republik, die auch ihre „Konnationalen" aus dem Tessin anschließen wollten, zurückgewiesen haben. „Liberi e Svizzeri o Morte" lautet die Denkmalinschrift zum Andenken an diesen abgewehrten „Anschluß".[13] In der modernen Wissenschaftssprache der Soziologie hat Anton Burghardt von der durch die Sozialisation innerhalb eines Staatsverbandes entstehenden „Willens- oder besser Konsensualnation der Mehrheit der Österreicher" gesprochen.[14] Burghardt hat zurecht auf den untrennbaren Zusammenhang von Staatsnation (im Sinne von Konsensualnation)

---

13) Richard Georg Plaschka, Selbstverständnis und Kriterien nationaler Integration in Österreich: Impulse 1918 und 1945/1955, in: Ders., Nationalismus, Staatsgewalt, Widerstand, Wien 1985, S. 461.
14) Anton Burghardt, Die Nationwerdung Österreichs – soziologische Aspekte, in: Burghardt/Matis, a. a. O., (siehe Anm. 8), S. 25–48, hier S. 42.

mit Demokratie verwiesen,[15] – auf das, was in der Gegenwart als demokratische politische Kultur bezeichnet wird –, und auf Nationalbewußtsein als Ergebnis eines „gemeinsamen Willen konstituierenden Sozialisierungsprozesses",[16] der aber nicht unbedingt das ganze in Frage kommende Staatsvolk umfassen müsse.

Aus historischen Gründen, die keiner näheren Erläuterung bedürfen, ist die Einstellung der Österreicher zu den Begriffen „deutsch", „Deutsche", „Deutschland" mit nicht leicht zu klärenden Unsicherheitsfaktoren behaftet, und zwar in zweierlei Hinsicht. Erstens ist eben der Begriff „deutsch" nicht eindeutig, da er sich sowohl auf den Bereich der Sprache (und damit der Sprachkultur) wie auch (keineswegs deckungsgleich) auf den stärker politisch-historisch geprägten Bereich „deutsches Volk" (Volk als „Ethnos" oder als „Demos"?), „Deutschland", „deutsche Staaten" beziehen kann. Zweitens sind die emotionalen Komponenten zu bedenken, die sich aus den Verstrickungen der österreichischen und deutschen Geschichte vor 1945, aus der Stärke des großdeutschen Gedankens bis in die Periode 1938–1945 und aus der weiterhin in bestimmten Gruppen und Publikationen vorhandenen Pflege „deutsch-nationalen" Traditions- und Gedankenguts ergeben. Im Sommer 1988 hat eine Äußerung des

---

15) Ebd. S. 40.

16) Ebd., S. 34. Zur Frage der österreichischen Identität und der österreichischen Nation sei, zusätzlich zu den bereits genannten Arbeiten, vor allem auf folgende wichtige Bücher und Studien verwiesen: Friedrich Heer, Der Kampf um die österreichische Identität, Wien – Graz – Köln 1981; Helmut Rumpler, Österreich vom „Staat wider Willen" zur österreichischen Nation (1919–1955), in: Die Deutsche Frage im 19. und 20. Jahrhundert, hrsg. von Josef Becker, München 1983, S. 239–267; Ernst Bruckmüller, Nation Österreich – Sozialhistorische Aspekte ihrer Entwicklung, Wien – Graz – Köln 1984; Felix Kreissler, Der Österreicher und seine Nation – ein Lernprozeß mit Hindernissen, Wien – Graz – Köln 1984; der französische Titel dieses zuerst in Frankreich erschienenen Buches ist präziser; er lautet: La prise de conscience de la nation autrichienne 1983 – 1945 – 1978, Paris 1980; Fritz Fellner, Das Problem der österreichischen Nation nach 1945, in: Die Rolle der Nation in der deutschen Geschichte und Gegenwart, hrsg. von Otto Büsch und James J. Sheehan, Berlin 1985, S. 193–220.

Obmanns der Freiheitlichen Partei Österreichs, Dr. Jörg Haider, der das Konzept der österreichischen Nation als „ideologische Mißgeburt" bezeichnete, einige Wellen geschlagen. Dr. Haider lehnt auch den Begriff „Nationalfeiertag" (1965 in Österreich gesetzlich eingeführt) ab und befürwortet den Begriff „Staatsfeiertag".[17] Vielfach wird – auch in der Bundesrepublik Deutschland – der Begriff der deutschen „Kulturnation" als ein Staaten und Bevölkerungen deutscher Zunge umfassender Sammelbegriff verwendet. Die Befürworter des Begriffs der „Kulturnation" übersehen jedoch „den von jeher im Nationalbegriff enthaltenen politischen Grundzug", wie dies Werner Conze einmal treffend formuliert hat.[18]

Das wichtigste Ergebnis aus einer Reihe von teilweise erstmals in der Untersuchung von 1987 gestellten Fragen sei vorweggenommen: ein durchaus spontanes Identitätsbewußtsein als „Österreicher" im Unterschied zu „Deutschen" ebenso wie eine relative Distanz zur Frage der Wiedervereinigung des deutschen Volkes ist durchaus vereinbar mit merkbarer Wertschätzung und Sympathie für den deutschen Nachbarn.

Einen gewissen Grad an Losgelöstheit von innerdeutschen Problemen erbrachten die Ergebnisse einer Befragung, die zum Problem der deutschen Wiedervereinigung, wie sie als Postulat in der Präambel zum Bonner Grundgesetz formuliert ist, angestellt wurde. Die Befragten wurden um die Angabe gebeten, ob sie sich durch den folgenden Satz persönlich angesprochen fühlten, oder ob dieser für sie keine Bedeutung habe: „Das gesamte deutsche Volk bleibt aufgefordert, in freier Selbstbestimmung die Einheit und Freiheit Deutschlands zu vollenden." 12% der Befragten bejahten, daß sie sich persönlich angesprochen fühlten, 86% hingegen nicht; 2% machten keine Angaben. Hier wird eine relativ große Eigenständig-

---

17) Gerald Stourzh, 26. Oktober: Staatsfeiertag statt Nationalfeiertag? In: Der Standard, 25./26. Oktober 1989, S. 3.

18) Werner Conze, „Deutschland" und „deutsche Nation" als historische Begriffe, in: Die Rolle der Nation in der deutschen Geschichte und Gegenwart, hrsg. v. Otto Büsch und James J. Sheehan, Berlin 1985, S. 30. Siehe in diesem Band, S. 20.

keit des Österreichbewußtseins – losgelöst von den in der Ersten Republik stets gegenwärtigen Bezügen zur deutschen Frage und zur Volkstumsproblematik – deutlich.

Diese Ergebnisse bedeuten keineswegs emotionelle Antipathien. Fragen nach Sympathiewerten haben für Deutschland, gefolgt von der Schweiz, die höchsten Prozentsätze erbracht – 29% bzw. 22%. Eine weitere Frage nach der größten inneren Verwandtschaft mit einem Nachbarland hat – wie auch 1980 – die höchsten Werte für den deutschen Nachbarn ergeben, wenn auch 1987 etwas geringer (1980 70%, 1987 64%). Von großem Interesse ist ferner, daß bei der Frage nach den Sympathiewerten der Nachbarländer an zweiter Stelle Ungarn (mit 16%) genannt wurde, während die Schweiz mit 10% an dritter Stelle stand – ein Indiz für die Folgen des in den letzten Jahren so spektakulär in die Höhe geschnellten gegenseitigen Reiseverkehrs über die offene Grenze (von Interesse die regional differenzierten Ergebnisse in Wien, wo die Sympathiewerte für Ungarn mit 24% am höchsten, gefolgt vom Burgenland mit 21% waren).

1990 hat die neuerlich gestellte Frage nach der größten inneren Verwandtschaft mit den Nachbarländern interessante, die Umwälzungen in zweien unserer Nachbarländer reflektierende Veränderungen gebracht. Die Sympathiewerte für Ungarn sind von 16% auf 23% gestiegen, jene für die Tschechoslowakei von 2% auf 7%, dafür sind die Werte für Deutschland von 64% auf 60%, für die Schweiz von 10% auf 5% gesunken. Regionale Unterschiede sind gerade 1990 erheblich und reflektieren unmittelbare Nachbarschaften (Burgenland für Ungarn: 1987 21%, 1990 41%; Wien für Tschechoslowakei 1987 7%, 1990 20%; die weitaus engsten Affinitäten zu Deutschland zeigen sich in Salzburg und Oberösterreich (Salzburg: 1987 71%, 1990 89%, Oberösterreich: 1987 71%, 1990 76%); die historisch engen Beziehungen zu Bayern – enger als im Falle aller anderen österreichischen Bundesländer – sind hier wohl ebenso in Rechnung zu stellen wie die Realität des gegenwärtigen grenzüberschreitenden (Einkaufs-)Verkehrs.

Zusammengefaßt zeigen die Ergebnisse der Befragungen zum Themenkomplex der österreichischen Identität und des Nationalbewußtseins soziostrukturell eher geringfügige Variationen. Generell erweisen sich die Altersschicht der 20–30jährigen und die obere Bildungsschicht als überdurchschnittlich offener für ein ausgeprägtes Österreichbewußtsein. Regionale Differenzierungen sind, wie bereits erwähnt, in Kärnten und der Steiermark zugunsten einer etwas stärkeren „deutschbewußten" Komponente, in Wien zugunsten einer überdurchschnittlich „österreichbewußten" Komponente feststellbar.

Eine Überraschung enthielt das Ergebnis der Befragung von 1987 bezüglich einer Wertpräferenz für Österreich als Kleinstaat oder als Großmacht (wie vor 1918). Während im gesamtösterreichischen Durchschnitt 78% eine Präferenz für Österreich als Kleinstaat gegenüber 18% als Großstaat (4% ohne Angabe) geltend machten, und die regionalspezifisch stärkere Betonung des Großstaatsgedankens in Wien und Tirol (23% bzw. 22%) in Hinblick auf die Hauptstadttradition und die Südtirolfrage keine Erklärungsschwierigkeiten bietet, ist eine bildungsspezifische Differenzierung nicht leicht zu deuten: 33% der Personen mit abgeschlossener Hochschulbildung haben eine Präferenz zugunsten eines größeren Österreich abgegeben. Ob die bei Akademikern insgesamt stärkere Befassung und Vertrautheit mit der Geschichte Österreichs ausreicht, dieses Ergebnis zu erklären, muß offen bleiben.

Die gleichlautende Befragung vom März 1990 hat nun eine merklich verstärkte Bejahung der Kleinstaatlichkeit Österreichs ergeben. Die Präferenz für Österreich als Kleinstaat ist gegenüber 1987 von 78% auf 85% gestiegen, die Präferenz für Österreich als „Großmacht" wie vor 1918 von 18% auf 14% gesunken. Das regional stärkere Interesse für den Großstaat ist in Wien auf 18%, in Tirol gar auf 7% gesunken. Die diesmal für Akademiker und Maturanten gemeinsam ausgewiesene bildungsspezifische Schichtung zeigt eine Präferenz für einen großen Staat von 21% (1987 für Maturanten 22%, für Akademiker wie erwähnt 33%).

Aus Gründen des Vergleichs mit anderen Untersuchungen (aus dem Jahre 1982) wurde 1987 ein Frageblock zu Objekten des Nationalstolzes vorgelegt. Wohl gibt es ein deutliches Plus an Nationalstolz gegenüber analogen Umfrageergebnissen in der BRD;

hingegen sind in Österreich selbst seit 1982 offensichtlich Unsicherheitsfaktoren sichtbar geworden. Die Antwort auf die Frage „sehr stolz" (1982 „unbedingt stolz") sind von 69% auf 58% zurückgegangen, jene auf die Formulierung „eher stolz" (1982 „überwiegend stolz") dafür von 24% auf 34% gestiegen, und die Antwort auf die Frage „eher nicht stolz" (1982 „überhaupt nicht stolz") von 1% auf 5% gestiegen. Stärker sind Veränderungen betreffend Objekte des Nationalstolzes. Stark zurückgegangen ist die Wertschätzung österreichischer Leistungen auf dem Gebiet des Sports, und – geradezu herausragend – vor allem der Staatspolitik (von 72% auf 27% gesunken!). Hier zeigt sich, daß die Achtzigerjahre, politisch gesehen, das schwierigste, um nicht zu sagen, belastendste Jahrzehnt in der Geschichte der Zweiten Republik gewesen sind.

Fragen des Geschichtsbewußtseins in Österreich wurden in einem weiteren Fragenblock untersucht. Zusammenfassend ist festzuhalten, daß das historische Bewußtsein eines Großteils der Befragten ganz überwiegend dem 20. Jahrhundert gilt, und hier wiederum stärker der Zeit seit dem Ersten Weltkrieg und ganz stark ausgeprägt der Periode seit dem Zweiten Weltkrieg und den Anfängen der Zweiten Republik. Dem so deutlich nachgewiesenen Interesse für Zeitgeschichte stehen allerdings stichprobenartig erhobene Wissensdefizite von beachtlichem Ausmaß gegenüber. Auf die Frage, welche Lager einander im Februar 1934 bekämpften, konnten nur 53% der Befragten die zutreffende Antwort geben, 25% andere Antworten und 22% keine Angaben. Auf die Frage, welche Lager einander bei der Ermordung des Bundeskanzlers Dollfuß gegenüberstanden, konnten nur 43% der Befragten die zutreffende Antwort geben. Das Ergebnis unserer Untersuchungen zum Geschichtsbewußtsein ist eindeutig und alarmierend: Die nachweislich von der österreichischen Geschichtsforschung einschließlich der Zeitgeschichtsforschung erarbeiteten und publizierten Wissensinhalte stoßen auf Schwierigkeiten der Vermittlungs- und Aufnahmefähigkeit. Hier sind Impulse für neue Initiativen zur breiteren Vermittlung und zur erweiterten Rezeptionsfähigkeit historischer, insbesonderer zeitgeschichtlicher Wissensinhalte nötig!

Aus den Umfrageergebnissen zum Themenkomplex „Anschluß" und „1938–1945" sei auf einige Daten von besonderer Signifikanz hingewiesen. Nicht erfreulich ist das Ergebnis, daß in Beantwortung einer fünfteiligen Skala von Fragen, ob der Nationalsozialismus nur Schlechtes, größtenteils Schlechtes, sowohl Gutes als Schlechtes, größtenteils Gutes oder fast nur Gutes gebracht habe, 47% den Mittelwert wählten. Dreierlei ist hierzu zu bemerken: Erstens sind die Ergebnisse der anderen vier Positionen der Fünfer-Skala zu beachten; hier zeigt sich, daß die negative Bewertung, – der NS habe größtenteils Schlechtes gebracht – von 31% bejaht wird, während die positive Entsprechung lediglich 2% bucht; der negative Extremwert wird von 15% bejaht, der positive Extremwert von annähernd 0%. Zweitens ist – im Zusammenhang mit den Ergebnissen einer anderen Fragestellung – zu vermuten, daß clichéhafte Überlieferungen über die materielle Besserstellung, vor allem die Vollbeschäftigung nach 1938, wirksam sind. Differenzierende Ergebnisse neuester zeitgeschichtlicher Forschungen[19] haben noch keine Chance gehabt – und haben in Hinblick auf die oben bereits genannten Probleme vielleicht überhaupt schlechte Chancen – von weiten Schichten der Bevölkerung rezipiert zu werden. Drittens ist aber auch zu betonen, daß es bemerkenswerte altersspezifische Differenzierungen beim Themenkomplex „NS-Regime" gibt. Die Gruppe der (Ende 1987) 60-69jährigen, also der Geburtsjahrgänge 1917–1928, hat merkbar positivere Urteile abzugeben als alle jüngeren Altersgruppen, aber auch als die Altersgruppe der über 70jährigen. Hier liegen offenbar langfristig wirkende Ergebnisse von Sozialisationsprozessen vor, die rund fünf bis sechs Jahrzehnte zurückliegen, denen wohl in Zukunft die Sozialforschung erhöhte Aufmerksam widmen sollte.

Die hier zusammengefaßte Untersuchung zeigt allerdings auch, daß die seit Jahren von der Wissenschaft wie den Medien (zumal

---

[19] Vgl. etwa Emmerich Tálos, Sozialpolitik 1938–1945. Versprechungen, Erwartungen, Realisationen, in: NS-Herrschaft in Österreich 1938–1945, hrsg. von Ernst Hanisch, Wolfgang Neugebauer und Emmerich Tálos, Wien 1988, S. 115–140.

Fernsehen) intensiv betriebene Information über Realität und Grauen des Holocaust keineswegs wirkungslos geblieben ist. Die Zahl derer, die entgegen aller furchtbarer Evidenz die Realität des Holocaust in Zweifel ziehen, nimmt ab. Der Prozentsatz derer, die eine etwas relativierende Position zu den Verbrechen des Holocaust einnehmen, ist geringer als der Prozentsatz jener, die Einstellungen zustimmen, welche die Dimension des Holocaust adäquater wiedergeben. Insgesamt bleibt das Hauptergebnis des historisch-zeitgeschichtlichen Teils der Untersuchung das Postulat, neue Wege der effektiveren Vermittlung und breiteren Rezeption historischer und besonders zeitgeschichtlicher Wissensinhalte und Forschungsergebnisse zu suchen.

Manche Ergebnisse der Untersuchungen zeigen, daß das Österreichbewußtsein im Ausgang der Achtzigerjahre kritischer ist als zu Beginn des Jahrzehnts. Diese kritischen und selbstkritischen Tendenzen (etwa bezüglich der Staatspolitik) bedeuten allerdings keine fundamentale Erschütterung des Österreichbewußtseins, wie es im Lauf der letzten Jahrzehnte gewachsen ist. Die Existenz dieses eigenständigen Österreichbewußtseins ist im Frühjahr 1988 – aus Anlaß des Gedenkens an den „Anschluß" von 1938 – von mehreren bedeutenden ausländischen Kommentatoren bestätigt worden.

Der französische Historiker Jean-Baptiste Duroselle schrieb in der Tradition Ernest Renans, daß Österreich und die Österreicher gezeigt hätten, daß die Nationalität nicht durch eine Pseudorasse oder durch die Sprache bestimmt werde, „sondern durch den Willen der Einwohner".[20] Golo Mann hat geschrieben, der zweiten österreichischen Republik sei gelungen, „was der ersten nicht gelang: Sie hat ihre Identität gefunden, nach innen und nach außen. Sie ist – ich darf nicht sagen: eine zweite Schweiz geworden –, aber sie steht der

---

20) Jean Baptiste Duroselle, „Un ‚blitzkrieg' politique" in: Le Figaro, 12./13. März 1988, S. 38. Das Original-Zitat lautet wie folgt: „Une fois de plus, la démonstration est faite que le nationalité ne se détermine ni par une pseudorace ni par la langue, mais par la volonté des habitants".

Schweiz heute noch näher, als sie der Bundesrepublik steht".[21]) Und der Münchner Historiker Thomas Nipperdey hat von der zweiten Republik Österreich geschrieben, sie sei gerade durch Anschluß und NS-Erfahrung „zu einer eigenen Nation" geworden; sie sei „kein dritter deutscher Staat", wenngleich auch die gelegentliche Opferpose der Österreicher „als eine einzige große Trapp-Familie" absurd sei.[22])

Von solchen Stellungnahmen her ergeben sich gute Grundlagen, um die historischen und gegenwärtigen Beziehungen Österreichs und der Österreicher zu ihren Nachbarn, einschließlich ihrer deutschen Nachbarn, einer von Ressentiments ebenso wie von Wunschdenken befreiten sachlichen Diskussion zuzuführen.

---

21) Golo Mann, „‚Ein Volk, ein Reich, ein Führer' – Hitlers Anschluß markierte den Anfang vom Ende des gemeinsamen geschichtlichen Weges von Deutschen und Österreichern" in: Die Zeit (Hamburg), 4. März 1988, S. 3.
22) Thomas Nipperdey, „Das Ende des großdeutschen Traumes" in: Frankfurter Allgemeine Zeitung, 12. März 1988, Beilage, S. 1–2. Vgl. in diesem Band S. 18.

Nachwort

Die in diesem Bändchen präsentierten Studien kreisen um Österreichbegriff und Österreichbewußtsein in diesem Jahrhundert – um Krisen, Brüche, Veränderungen und Konsolidierungen im Identitätsbewußtsein der Österreicher, denn Österreichbewußtsein bedeutet ja vor allem Ö s t e r r e i c h e r bewußtsein. In einigen dieser Studien, vor allem den zwei ersten Kapiteln des Bändchens, wird auch kritisch zu den Thesen Professor Karl Dietrich Erdmanns über Österreich als „dritten deutschen Staat" Stellung genommen. Das einleitende Kapitel wurde für diesen Band geschrieben. Die vier folgenden Studien wurden alle für diesen Band neu überarbeitet, teils nicht unwesentlich erweitert, in einigen Fällen gekürzt und mit teils neuen, teils erweiterten Anmerkungen und Beleg-Hinweisen versehen.

Der Titel-Essay „Vom Reich zur Republik" erschien in seiner ersten Fassung im „Wiener Journal" in den März- und April-Ausgaben des Jahres 1987. Der Essay über die historischen Grundlagen der Zweiten Republik erschien ursprünglich unter dem Titel „Die Grundlagen der Zweiten Republik. Eine historische Einführung" 1980 in dem von der österreichischen Bundesregierung und dem Bundesministerium für Auswärtige Angelegenheiten in Zusammenarbeit mit dem Institut für Geschichte der Universität Wien herausgegebenen Sammelband „25 Jahre Staatsvertrag. Protokolle des Staats- und Festaktes sowie der Jubiläumsveranstaltungen im In- und Ausland" (Österr. Bundesverlag), S. 16–26. Die Studie „Wandlungen des Österreichbewußtseins im 20. Jahrhundert und das Modell der Schweiz" erschien erstmals in dem Band „Schweiz – Österreich. Ähnlichkeiten und Kontraste" hrsg. von Friedrich Koja und Gerald Stourzh (Bd. 14 der Studien zu Politik und Verwaltung, hrsg. von Christian Brünner, Wolfgang Mantl und Manfried Welan, Böhlau-Verlag, Wien – Graz – Köln 1986), S. 11–32. Die Studien über das Österreichbewußtsein im Übergang der Achtziger- zu den Neunzigerjahren geht auf die Einleitung des Verfassers zu einer Untersuchung des Fessel + GFK-Institutes (1987/88) zurück; eine frühere Fassung erschien in einer Publikation des Forschungsprojekts 21 des schweizerischen Nationalfonds zur Förderung der wissenschaftlichen Forschung, „INFO 21", Nr. 7, Februar 1989, S. 12–17. Der Verfasser dankt dem Herausgeber des Wiener Journals, Dr. Rudolf Bretschneider, dem Österreichischen Bundesverlag, und dem Verlag Böhlau für die freundliche Genehmigung zur Wiederveröffentlichung. Bei der Korrektur hat sich Frau Dr. Margarete Grandner große Verdienste erworben. Last but not least möchte der Verfasser herzlich der Edition Atelier und insbesondere Herrn Peter Bochskanl und Herrn Rainer Lendl für ihr Interesse und ihren Einsatz bei der Veröffentlichung dieses Bändchens danken.